怎麼

LU 著

WHAT'S ?WRONG

回事

白象文化

致

明智之人
我愛的人
愛我的人
我自己

目錄Contents

前言

　　這世界很多問題的起源，可歸咎於資源有限且無法公平的平均分配。在現實中，均富不存在。大環境的改變，也促進了文明越來越發展，一切的人、事、物也變得越來越多元，但這世界並沒有因此變得更簡單，反而是越來越複雜。

　　這世界的演變，一切的標準答案變得越來越少，道德、是非的界線，似乎也越來越模糊。在這個進步與自由的時代，讓人們在情感及行為上有更大的發揮空間，似乎也讓人性的醜態更加地顯露無遺。

　　不知道隨著時代的演進與文明的進化，是讓人能更有空間去理性、客觀地看待一切的人、事、物，還是讓極端的自我主觀意識得以發揮到極限？

　　法律與道德，目的都是為了維護社會秩序，法律也許是道德的最低界限，有些人，選擇了用最低的標準過生活；有些人，選擇了無視法律與道德。

　　有些人，選擇當個善良、有修養的人，與人為善，愛護社會；有些人選擇當個不善良、沒修養的人，自私自利，處

怎麼回事？
WHAT'S WRONG

處與人為敵甚至侵犯他人，危害社會秩序。

有些人認為，不善良、沒修養又沒犯法，善良與修養也不能讓自己得到什麼利益。當然，一個人要以不犯法為界限的態度生活，是自己的選擇，是自己的自由，也沒有不可以，只是大部分的人都是這社會群體的一員，只要在這社群當中，人與人之間就會有互動，不是只有自己一個人單獨孤立地存在著。一個人的行為或許沒犯法，但有時候卻會因為一些言行，而造成他人或社會的困擾與傷害。

這社會因為存在著很多的不同，所以才會有進步的動力。但有一些人，就只能或只想用自己那唯一的觀點去看待所有的人、事、物，依自己的意願去對待所有的人、事、物，而且無法容忍任何與自己不同的想法，除了不想聽、不接受之外，還要將自己的「觀點」、「意願」強加於他人，甚至會用激烈的情緒與人爭論，或是不惜侵犯他人。這些人似乎很缺乏冷靜與理性，難道私人的意願或情緒可以凌駕於道德與法律之上？

有一些人會侷限在自我的框架裡，不知道是不是因為自身在知識上或認知上不足的緣故，其實這世界上還有很多自己不知道的事，一直在自己片面性的思維裡打轉，就無法判斷自己所認知的是不是正確、是不是客觀！

這社會上有很多的衝突，就是因為不留給他人任何空間的自我主觀意識，又無法彼此尊重而引起的。

　　很多事情沒有絕對，凡事都有許多面向需要去思考，有時也無關對錯，只是立場、觀點及相對的意義不同。比方說，去爭辯時間到底是過得很快還是很慢。時間對每個人的意義不同，每個人對於時間的認知或感覺、或是當下所處的情況也會有所不同。當一個人在等待的時候，會覺得時間過得好慢；當來不及的時候，就會覺得時間過得好快。事實上，時間依然和往常一樣的速度前進，並沒有改變，時間本身也不會因為任何人所處的狀態，而調整它的速度。

　　這世界的人、事、物並不是非黑即白，因此才會有很多空間需要不斷地去思考及探討。很多的因果關係，都需要深入去探討，並不是表面上看起來那麼簡單。當前一些社會現象或一些事件的發生，通常無法歸咎於單一的因素。一切的現況，都是過去累積演變而來的結果。

　　人類之所以奮鬥，到底在追求什麼終極目標？征服大自然、長生不老還是永續生存？不太確定這些目標是否切合實際或有實現的可能，但人類想要能更好的生存，想要有越來越好的生活環境及安居樂業，應該是可以確定的。不知道文明的發展，是不是在往這個目標前進，還是離目標越來越

遠？

　　到目前為止，人類畢竟得倚賴地球的自然資源才能生存，這是一個很現實的問題。人類為了生存，就得消耗與犧牲自然資源，況且文明發展至今，已經無法再回到原始生活。儘管文明、經濟仍然會持續發展下去，自然資源也無法避免持續消耗，但人類對於自然環境的道德責任似乎每況愈下，不僅沒有加以愛護，反而加速破壞。就是因為人類造成了自然生態的危機，人類的生存才會面臨著嚴重的威脅。

　　當今的社會，在有限的資源與文明發展之間，是不是有些人藉文明發展之名而行貪婪之實？

　　在道德與權利與之間，是不是有些人以權利為由而行缺德之實？

　　不知道把人做好、把事做好，是不是真的很困難？社會上有一些人，是不是怕自己做得太好？是不是總有一些人的心態認為，只要做到60分就可以了，為何要做到90分？事實上，有的人卻連60分也做不到。這些人是不是覺得其他人也沒做好，而擔心自己做得太好「會吃虧」？還是認為做人、做事做得好不好，反正也「不差自己一個」，「反正很多人都是這樣」？或者是，講道德、講修養，又不是現在社會的主流？

「比上不足，比下有餘」，就是一些人對於自我要求的標準與自我安慰的方式，而且認為反正這個世界總會有更差勁的人，只求「比更差勁的好一點」就滿足了。相較於「往上比」，「往下比」似乎輕鬆又不費力，有這種想法的人，在社會上應該不會太孤單吧？

　　阻礙社會進步的，可能就是因為有太多的消極心態。如果自己能成為一個更好的人，利己也利人，不知道到底是被誰占了什麼便宜？還是只是試圖掩飾自私、不思進取的醜陋？

　　隨著文明的進步、教育的普及，人民的知識與道德標準也跟著提升，但現今社會，似乎有道德良知的人越來越少，是因為短視近利，所以走偷懶之路、投機之路、不道德之路？還是反正有修養或沒修養、優秀或低俗、友善或不友善，人的壽命都差不多，為何要費時費力？反正先選擇眼前對自己有利的就好，即便會後悔，也是以後的事？

　　道德修養，代表著一個社會的進步及文明程度。理論上，應該沒有「完美的道德」這一件事，人只能追求較高的道德標準，而文明程度越高，道德的標準也應該隨著提高。人或許只能做到某個道德程度，但道德淪落是沒有下限的，

一個沒有道德修養的人會做出的行為，經常是讓人想像不到的。

愚人不會認為自己是愚人，因為不明瞭自己不知道什麼，可能還認為自己是聰明的；明智的人，通常會知道自己的不足，因為知道得多，才有能力明瞭自己知道得少。愚蠢是很危險的。

這個社會的道德會越來越貧乏，也許就是無知的人因為不知，所以可能做不到；而知的人雖知道，卻「選擇」不去做。

當前這個社會上的一些負面力量，擾亂社會和諧、阻礙社會發展、破壞自然環境，正在加速侵蝕我們生活的環境。

這本書，雖然主要是以現在的台灣社會為背景，但不管到世界上哪個地方，什麼樣的人都有，差別在其比例的多寡，而且不論是什麼樣的人，應該都會在這世界上一直存在著。

請用正面心態來看這本書，希望藉此分享可以繼續探討的一些社會現象。這社會上的一些人，或有很多人，或越來越多人，是出了什麼問題，到底是怎麼回事？

第一回 家庭教育這回事

家教不好，會影響一個人的人格發展，影響一個人的一輩子。一個家教不好的人，不但不受歡迎，也可能會危及自身的健康與安全，進而產生家庭及社會問題。不知道有多少父母確實盡到家庭教育的責任？

　　不知道大多數的人是不是都同意，家庭教育很重要？家庭教育，不僅關係著一個人自身的修養，也關係著一個人在家庭裡、社會上人與人的相處之道，影響著一個人的人格發展，也影響著一個人的一輩子。家庭教育，不是侷限於言行舉止上的教養，對於在價值觀及知識上的建立才是更重要的，因為一個人會表現出來的言行，會被一個人的價值觀及知識所引導。不知道有多少父母確實盡到家庭教育的責任？

　　父母用什麼方式教育小孩，並沒有一個固定的模式或一套制式標準，有時也很難評論對錯。每一個家庭背景環境不同，每一個小孩的特質也不同，但能確定的是，不管是用什麼樣的教育方式，大部分的父母，目的應該都是希望自己的

怎麼回事？
WHAT'S WRONG

下一代能過得更好。

　　即便父母本身有著良好的修養、盡家庭教育之責，也不一定就能夠成就一個有家教的小孩；雖然不是絕對的，但是缺乏良好的修養、沒有做好家庭教育的父母，造就出一個觀念、行為不好的小孩，機率應該很高吧？當看到一些行為不佳的人或小孩，是不是馬上覺得就是家教不好，馬上就會想到這些人的父母？

　　一個人家教不好，可能會給人不佳的形象觀感，影響人際關係；也可能會干擾到旁人，造成他人的困擾；甚至會影響自身的健康或危及自身的生命安全。一個家教不好的人，通常都是很不受歡迎的。

　　不論大人或小孩，一個人是否有良好的家教，都會表現在日常的言行舉止或小動作。

　　父母是小孩最直接的學習對象，父母本身的價值觀、行為修養、知識，對小孩的家庭教育有著決定性的影響。如果父母缺乏正確的價值觀、行為及知識，會影響小孩對於倫理、道德、是非觀念的認知，因而容易導致小孩在行為上的偏差，影響品德與人格的健康發展，也有可能會因此造成家庭或社會問題。

父母一切的言行舉止，從說話的方式、吃飯的樣子、飲食的習慣、衛生觀念到待人處事的態度……等生活上的行為，無時無刻都在影響著子女，小孩都會仿效。如果大人沒有做好，要如何給小孩良好的家庭教育？

　　很多家庭問題及社會問題，都是由於家教不良所導致。一個性格或言行有偏差的人，是社會上的高風險群，不只是被人說說家教不好或父母沒教好的問題而已，而是因為很有可能會因此闖下大禍。一些校園霸凌、社會衝突或暴力事件不斷地上演，有一些人會去傷害別人，有一些人不懂得如何保護自己，而使人身安全受到威脅，造成社會不安，這些事件很多都與家教失能有關。

　　有一些父母認為孩子還小、不懂事，等長大了再教，或覺得不用教，反正長大就會了。為何有些父母會認為小孩長大就會自動學會，是去跟別人的父母學？還是要等到被別人取笑沒家教或闖了禍的時候，才要教、才要學？如果從小就該學、能學的事或該養成的好習慣與觀念，為何要等到長大才學呢？

　　傳遞良好的家庭教育，是很不容易的一件事，但不論小孩受不受教，或小孩未來要選擇用什麼態度過生活，是由小

孩長大後自己決定的，但至少，家庭有責任提供一個良好的
學習環境及教育，不能剝奪小孩受家庭教育及未來選擇的權
利。

　　一個人的觀念、行為如果沒有從小教導，會延續到長大
後的機率應該很高。當小孩有不正確的觀念與言行時，如果
不及時導正，就會變成習慣，一旦成為習慣，以後要改變就
比較困難了。對於家教這一件事，若等到小孩長大以後就太
遲了，因為不良的觀念與習慣，已經成了孩子的一部分。

　　要教導小孩所有的事，有時候也難免會無法面面俱到，
但如果父母能夠以身作則，做個好榜樣，小孩耳濡目染，自
然就會受到影響。

　　一個家庭需要有文化、有規矩、有紀律。好習慣的養
成，是平常日積月累的，而且必須從小、從家庭做起。父母
平常就要謹言慎行，有說服力的、正面的身教，才是對小孩
最有效的影響。

　　家庭是個可以放鬆的地方，但不應該是個隨便的地方，
因為自己的隨便，不僅會干擾到其他家人，久而久之，就會
變成習慣。家人之間，要有基本的禮貌與尊重，不能認為所
有的一切都是理所當然。一個人的生活態度，反映著一個人

的家教。

　　家庭教育關乎一個人的人生。良好的家庭教育，能幫助小孩培養良好的習慣及正確的生活態度。小孩學會自律很重要，因為自律會影響人的未來命運。想要成為一個優秀的人，自律是一個很重要的條件。

　　不是每個人都那麼幸運，都能從家庭裡獲得良好的教育。一個家教很好的人，要感謝父母，因為父母讓自己成為一個優秀的人。

　　如果沒有機會從家庭得到良好教育的人，也不需要埋怨父母沒給或沒能力給，因為人生是自己的，要對自己負責，才不會讓過去的遺憾重演。缺乏家教，雖然讓人覺得很惋惜，但不論是什麼原因，即便比較遲，只要自己願意，還是可以藉由閱讀或從生活中去慢慢學習，以改善自己的不足，提升自我的修養。尤其是成年人，無論父母過去有沒有給予良好的教導，都不是自己不求上進的理由，讓自己成為更好的人，是自己的責任，為了自己，也是為了自己未來的下一代。

　　家教不好，缺乏良好的習慣與正確的觀念，不僅會讓人輸在人生的起跑點，輸在終點的機率也很高，甚至會造成一些遺憾，或無法挽回的嚴重後果，將來一定會後悔。

　　家庭是小孩成長的地方，教育小孩是父母應盡的責任，不是學校或社會教育可以取代的，不能推託給他人。

　　對子女的家庭教育負責任的父母，不會讓別人有機會說自己的子女沒家教。良好的家庭教育，才是父母給子女最珍貴的禮物，父母與子女不但有機會一起學習成長，也可以促進家庭關係的和諧。小孩在學習，父母也要持續地學習，重視與小孩的互動，做好言教與身教，才能提升家庭教育的品質。

　　為了自己的子女，儘管有多麼不容易，父母也要盡全力給子女最好的家教，才能幫助子女好好地成長。有良好家教的子女，才會知道感恩，才能成為一個優秀的人，才是真正地贏在人生的起跑點。

缺乏家教列舉

影響衛生、健康、安全、觀感的行為

1. 用餐或接觸食物前，沒有洗手或把手清潔乾淨（衛生、健康）。

2. 吃飯沒有細嚼慢嚥，秒速狼吞虎嚥（健康、觀感）。

3. 吃東西時，發出很大的咀嚼聲（觀感）。

4. 用餐時，讓正在使用的碗筷餐具，發出過大的碰觸聲音（觀感）。

5. 與人一起用餐時，不等用餐的人到齊就座，就自己先吃（觀感）。

6. 吃飯時一手拿著餐具，另一手托著臉頰（觀感）。

7. 用餐時，以碗、盤就口扒進食物（觀感）。

8. 吃飯時，飯菜邊吃邊掉；用完餐，飯菜掉了滿桌面（觀感）。

9. 說話時，讓人看見滿口食物（觀感）。

10. 居家環境髒亂，例如鞋子或用品隨意亂放、凌亂，家具、物品、地板等都是灰塵（衛生、健康）。

11. 咳嗽、打哈欠、打噴嚏、打嗝時，沒有遮嘴或迴避（衛生、觀感）。

12.缺乏健康的概念，例如高糖、高油、高鹽的飲食、吃過量的垃圾食物、缺乏運動、衛生習慣不好等（衛生、健康）。

13.缺乏牙齒保健，沒有正確刷牙的常識，沒有定期看牙醫檢查牙齒（健康、觀感）。

14.沒有規律的作息（健康）。

15.在用餐時，小孩邊吃、邊玩或邊跑（安全）。

16.在賣場裡，小孩追逐嬉鬧（安全）。

17.不遵守交通規則或無視交通號誌，例如闖越馬路不走斑馬線、行車時闖紅燈等（安全）。

與品德修養有關的行為——禮貌、尊重、正直、誠信、責任

18.習慣情緒性地大聲說話，或用吼的方式說話（尊重、禮貌）。

19.不聽他人說話，也不聽人把話說完（尊重、禮貌）。

20.不好好說話，習慣性使用負面、不文明、粗俗無禮的用語，例如三字經、白痴、智障、去死、給我聽好、關你什麼事、有什麼了不起……等（尊重、禮貌）。

21.以言語對他人做人身攻擊。針對一個人的外表、性格或狀態上的特徵或特質嘲諷、歧視，例如體型、膚

色、身體缺陷、性別、性向、婚姻狀態等（尊重、禮貌）。

22.沒有使用「請」的習慣，總是用指使的語氣，叫人做什麼或拿什麼（尊重、禮貌）。

23.與人收受時，沒有說「謝謝」的習慣（尊重、禮貌）。

24.說錯話、做錯事不認錯，找藉口，不道歉（禮貌、尊重、正直、責任）。

25.用無禮的言行態度對待他人或侵犯他人（禮貌）。

26.回家、出門、見到親朋好友，沒有打招呼的習慣（禮貌）。

27.與家人之間，沒有互道早安、晚安的習慣（禮貌）。

28.不懂尊敬長輩、尊重他人（禮貌）。

29.說謊或逃避的習慣，東西不見了或壞了，總是沒有人承認是誰做的（正直、責任）。

30.常常在他人背後說人是非（尊重、正直）。

31.不尊重他人的隱私（尊重）。

32.不守時，例如上班、上學經常遲到；與他人約定好的時間無法準時（禮貌、尊重、責任）。

33.言行不一，說的和做的不一致（正直、誠信）。

34.沒有經過詢問或同意，就隨意使用或拿走不屬於自己的東西（尊重、正直）。

35.缺乏勞動，沒有收拾好自己個人用品的習慣（責任）。

36.家裡的用品、食物飲品、垃圾，在使用完畢後，不收拾清理或放回原位（責任）。

37.沒有節約及環保的觀念，例如對食物或物品鋪張浪費、不隨手關燈、夏天時過度使用冷氣等（責任）。

影響人生的重要觀念與認知

38.缺乏「時間有限」的概念，不珍惜時間（時間觀念）。

39.缺乏金錢觀念與知識，例如為了賺錢，不顧道德；浪費金錢；對於金錢的支配沒有規劃等（金錢觀念）。

40.缺乏正確的兩性觀念（尊重、人生）。

41.缺乏正確的性觀念與知識（尊重、安全、人生）。

42.缺乏如何保護自身安全、如何求助的觀念與知識（安全）。

註：以上「缺乏家教的行為列舉」將所列舉的行為分成三大類，目的是為了更清楚地說明每一個行為對一個人某一方面最直接的影響或修養，但每一個觀念或行為所影響的，並非只限於所指出的層面。

讀者朋友認為還有哪些是
缺乏家教的行為呢？

第二回　父母這回事

「天下無不是的父母」，還是令人失望的父母？父母無法給予自己的小孩一個良好的成長環境，是否都是因為有「不得已的苦衷」，所以沒辦法？還是只是以「不得已的苦衷」為由，作為掩飾自己懶得學習、拒絕學習、不盡責的藉口？這是一個很嚴重的問題。

「天下無不是的父母」這句話，應該還是被這個社會普遍地認同吧？但事實上，很不幸的，這世界上還是存在一些「不是」的父母，因為這些失職或不適任的父母，已經造成太多的家庭悲劇，而且應該有很多沒被發現的，還隱藏在社會的角落。有的父母口口說愛自己的小孩，卻又做一些會對小孩造成傷害的事！這些不負責任、無法好好養育小孩的父母，就是製造悲劇的高風險群，是造成悲劇的源頭。這些父母真的太令人失望了。

可以理解，父母在成為父母之前是沒有經驗的，要扮演新的角色，當然不熟練，也不容易。但既然決定要成為父

母，在決定要挑戰新的角色時，理應要做好準備。父母本來就不好當，但卻有人在沒有認真思考及毫無準備下就當了父母。有些事可以去體驗，但養育小孩是一件很嚴肅的事，不是能用體驗一下或生了再說的心態，因為這是關乎一個生命、一個小孩一輩子的大事，父母不是可以隨便就當的。

現在養小孩，不是能給吃喝、餵飽就好。但很可惜的是，到現在還是有一些父母以這樣的方式在「養」小孩，認為能把小孩養活、養大就好。小孩在長大懂事之前，除了食衣住行，必須要依靠父母，成長、學習的過程也需要仰賴父母。

教育小孩，不必然與父母的貧富或學歷有關係，但是會與父母自身的修養程度有很大的關係。

有一些父母，既沒準備好又不學習，缺乏道德修養、沒有良好的價值觀念、知識不足，甚至連生活上的事情都無法管理好，不知道這樣要如何好好地教育小孩？

在社會上，有一些缺乏家教的小孩或成年人，很多是因為父母的問題，而沒有受到良好的家庭教育，原因有可能是父母本身也缺乏家庭教育、對於家教的重要性認知不足、缺乏知識、沒有用心及積極地去實踐，或者是因為父母的一些

感情或經濟上的問題，而導致家教的缺失。

　　有一些父母本身缺乏家庭教育，有可能也是因為沒有得到上一代的教導所致。過去，可能因為大環境的關係，資源較匱乏、資訊不發達、教育不普及，大多數的人常識、知識比較不足，因此有很多上一代的父母，沒有機會受到良好的教育，也缺乏家庭教育的觀念及知識。

　　無論是不是因為子女本身的問題或是受到外在環境影響的因素，即便子女成年後的一切行為得自己負責，但因為失敗的家教而導致的家庭或社會問題，父母責無旁貸。

　　除此之外，由於父母之間的問題而導致家庭不和睦或不完整，也是對小孩造成負面影響的最大原因。

　　有些失和的父母，常常吵吵鬧鬧或暴力相向，自私的只顧自己的情緒，甚至拿小孩當互相角力的籌碼；也有一些父母，會因為自身的原因、夫妻相處上的問題，或者因為對伴侶不忠的因素而離婚。不知道有多少父母，在引爆情緒之前，或做任何決定之前，會先去評估對小孩可能造成的影響程度？不論小孩是否已經長大，或能不能理解、有沒有表現出來，對小孩的身心都會產生長久性的影響。

父母當初要共組家庭，是自己選擇的，要情緒失控或要離異，也是雙方自行決定。小孩不但無法決定自己的父母是誰，也無法參與父母的決定，小孩只能成為父母自私或無知下的受害者，只能承受，毫無選擇。小孩真的很無辜，這對小孩太不公平了。

有些小孩，在人格或行為上有偏差，是來自家庭不能提供足夠的安全感。家，是家人的精神依靠，一旦家不可靠時，家庭就會失去支持的功能，就不再是家人身心的避風港，家就有可能會因此瓦解。

對於養育小孩，每個人本來就要知道，這是一件辛苦且責任重大的大事。無論已經當父母的或想成為父母的人，都要很嚴肅地思考，要做重要決定時必須三思而後行。父母即使無法面面俱到，也得盡力而為，因為一個不完整或不幸福的家庭，就會增加下一代不幸的風險。

很多的無知及自私，都是導致家庭悲劇與社會問題的高風險原因。

父母的任何作為，不是只關自己的事，而是會影響子女一輩子的事。子女在成長過程的每一個時間點，都是很重要的關鍵。小孩不是父母的白老鼠，必須要很認真地思考教養問

題，沒有任何開玩笑的空間。如果不懂得如何當個稱職的父母，就應該認真地去學習，因為教育孩子是為人父母應盡的本分。小孩的未來有一大半、甚至一輩子都掌握在父母手裡。

有一些家庭，或許由於某些原因或難處，生了小孩卻無法給予小孩一個良好的成長環境，只是不知道這些原因，是否都是因為有「不得已的苦衷」無法克服，所以沒得選擇？還是這個理由，只是為了掩飾自己懶得學習、拒絕學習、不盡責的藉口？這是一個很嚴重的問題。

有一些小孩會成為父母的犧牲品，就是由於父母缺乏能力的愛及缺乏學習的愛。有一些父母，也許是真的無能為力，但如果是一些明明是有選擇的，卻選擇不學習、自私、不盡責，那就太不應該了。

其實，這些自私又不盡責的父母，無論是不是知道自己的不足，其實就是缺乏一個「學習」的觀念，就是不願意學習。對於學習這一件事，大多數都是自己可以決定的，不應該受限於年紀、性別、父親、母親、貧富、教育程度、時間、工作等條件。學習的方式或效率是另外一回事，最重要的是要有學習的心態，而不是為自己的自私找藉口。

　　子女既然無法選擇父母，父母至少要給一個健全、健康的環境。無論現在已經當了父母，或將來有機會成為父母的人，要先把自己做好，才是為了自己的下一代好。真正負責任的父母，無論有多少的不得已或困難，都會想辦法給子女一個良好的成長環境，而不是讓自己的小孩成了無辜的犧牲者。

　　父母本身不僅要謹言慎行，在小孩成長的過程中做一個好榜樣，而且要不斷地學習，因為父母得提升自己管理生活的能力、品德修養、價值觀念及知識，才能給小孩良好的家庭教育。

　　要當父母之前，是不是要先能把自己的生活顧好？要當父母之前，在心理上及經濟上是不是應該要做好準備？要當父母之前，是不是要確定自己是一個負責任的人，或下定決心會當一個負責任的父母，會盡責地養小孩，會盡責地教育小孩？要當父母之前或已經當了父母，是不是願意為了小孩的成長，盡力學習？

　　父母得盡責、得學習，小孩才能好好地成長！

家教缺失原因列舉

1. 父母本身也缺乏家庭教育。

2. 父母對於家教的觀念很薄弱。

3. 父母本身缺乏修養，言教、身教不良。

4. 父母缺乏學習的心態。

5. 父母因為太忙，沒有太多時間而疏於教導。

6. 父母過於溺愛而沒教導。

7. 父母有家教觀念，但沒有用心、積極地去實踐。

8. 父母缺乏家庭教育的知識，不知道要如何教育子女，又不向人請教或學習。

9. 因為父母的情緒、經濟、感情、離異等問題，而對子女造成負面的影響。

10. 小孩幼年的時候，父母早逝。

11. 子女比較難教導或不受教，例如子女本身的性格、學習能力；受周遭的生活環境、交往的朋友的不良影響。

**讀者朋友認為還有哪些是
家教缺失的原因呢?**

第三回　孝順這回事

「孝順」還是「孝道」？不論是孝順還是孝道，都沒有包含盲目順從這一件事。愚孝不是孝，不孝違悖孝。父母與子女，都有各自應盡的本分。「孝」不是一場交易，而是親情、是分享。

「孝」是自古以來被信奉的倫理道德觀念，是傳統文化的美德。「孝」是子女對父母的付出表達感恩之心，是家庭倫理的核心、是一個至高的道德標準，是古代聖賢，留給世人很寶貴的文化價值。

古代聖賢講孝道、推崇孝道，因為孝道是做人最基本的道理。由古至今，關於孝道的定義及闡述不計其數，雖然無法在這裡一一引經據典列出或探討，但可以確定的是，孝道沒有包含盲目地順從父母這一件事。

在過去的時代，家庭倫理的關係，可能是比較權威式的，作為晚輩的，就只能聽從長輩的命令或意願，否則可能

會換來不孝的罪名。但這也造成了過去很多的愚孝，因為無論父母說的是不是正確或合理，反正只要是父母說的就是理，子女順從就是孝順，不順從就是忤逆、就是不孝。

相信現在有很多家庭，面對孝順這件事，可能都感到很困惑或困擾，因為一般人習慣使用孝順一詞，但又缺乏對孝道深入的了解，而導致孝道的本質被人們所誤解。或許由於字面上的緣故，孝順這兩個字，常被人只取表面的字義，而曲解它的本意，或者是被選擇性地斷章取義，認為孝就是順從父母。人常常會不由自主地選擇自己想看到、想聽到的，或以偏概全，只擷取片面對自己有利的部分。

聽父母的話、順從父母的意願，雖然也是孝道的一種表現，但前提是，父母說的話或意願，是不是合情合理？而不應該是無條件地盲目順從。如果父母是明智之人，通常不會有無理的要求；如果父母不是明智之人，對於無理的要求，子女又該如何順從？

孝應該是以道為基礎，合乎道德與道理，子女有盡孝道的本分，父母也有自己應盡的本分。

◎父母對子女

　　有些父母，可能還無法適應現代社會的轉變，也無法了解子女在現代的大環境裡成長，有自己獨立自主的思考及見解。面對子女表達不同的意見，很多父母就會認為是頂嘴、忤逆、不孝，因為很多父母的心裡，無法接受任何有被懷疑或否定的感覺。當然，有一些可能是因為父母生長的年代、時空背景大不同，從父母的角度，或許對現代的一些想法，真的無法能理解或接受。

　　現代社會中，也有一些父母，依然守著那份被曲解的孝順，把孝順當成是生養子女的權利或報酬。而且，孝順的標準都是父母決定的，全憑父母的感覺與需求。很多時候，父母要的孝順，都與情感或金錢脫不了關係。有些父母藉孝順之名，不斷地向子女索取親情或金錢上的回報，而且不會去考慮自己所要求的，是否已經超出子女在精神上或經濟能力上能夠承擔的限度。

　　似乎，子女在尚未出社會前，順從就是孝順；子女在出社會工作賺錢後，孝順好像就會變成順從加上孝親費？

　　很多不明智的父母，就是利用孝順的名義，來滿足自己

自私的心理或物質需求。其實，就是以自己的身分，利用子女對父母的敬畏之心來滿足自己的目的。以子女的順從，滿足自己的權威感、控制感、被認同感；以索取金錢或利益的回報，當作是子女理所當然的本分。

更何況，有一些父母對子女，並沒有真正善盡「養」與「育」的責任，而一味地要求子女要給回報。不難聽到有些父母會抱怨，辛辛苦苦把小孩養大，養了子女幾十年，換來的是子女的不孝順。不知道是不是有一些父母，把與子女的關係當成是一種交易關係？如果子女回報父母是應該的，那麼父母養大子女、教育子女也是應該的吧？父母除了給吃喝來「養」大子女之外，是否有用心「教育」子女？父母是否有給子女良好的家教，教導子女倫理道德、分享、飲水思源、施與受的道理，或者栽培子女，讓子女受高等教育嗎？父母在抱怨或責怪子女不孝，或要求子女給回報的同時，是否有做到自己的本分？

另外，也有一些父母，除了沒善盡教育小孩的責任之外，也無法管理好自己的行為，經常做一些自己沒有能力負責或負擔的事，比如購買昂貴的奢侈品、欠債、因不守法而被罰款、自作主張替子女答應別人的請求等行為，而且都是

以「先斬後奏」的模式，然後再讓子女承擔。

　　如果下一代出生及打拼的目的，都在為了回報或償還上一代，因而陷入一個世世代代的惡性循環，這已經不在孝道的範圍裡了，而是在破壞孝道的意義與價值，這是自私自利的行為，小孩不是被生來跟著父母受這種苦的。生養小孩，不是用來作為未來索取情感上或金錢上回報的途徑，子女有自己的人生，不是為了滿足那份被曲解的孝順而生。有一些子女，可能都在冒著犧牲自己的未來，來做為滿足孝順的代價。

　　當父母不容易，做人子女也不容易，子女或許能力有限，無法符合父母想要的「孝順」。子女無法順從父母時，並不代表子女就是不愛或不孝。只是，用強求的方式，只會造成子女沉重的精神壓力與負擔，而且只會換來子女的抱怨與責怪，讓家庭失和。而且，如果子女無心盡孝道，強求也沒有意義。

　　如果家裡有不孝或忤逆的子女，是不是因為父母沒有教好，所以子女才不懂得感恩？父母是不是當了父母後，沒有去學習如何扮演父母的角色？

　　父母不好當，小孩不好教，再加上時代變得很快，所

以父母才更需要持續學習。如果父母也能與時俱進，或許可以拉近跟子女的距離，同時也可以一起分享彼此的故事和想法，藉由多暸解對方，互相體諒彼此的難處。

如果因為這個被曲解的孝順觀念，必須以犧牲親子情及家庭和諧作為代價，那就非常不值得。即便是一家人，也要有相處之道。家庭關係，需要全家人一起來經營。家人之間，應該是互相尊重、互相扶持，而不是親情或金錢上的債權與債務的關係，或是一場交易。

當個明智、盡責的父母，才會受到子女的敬重，會敬重父母的子女，會懂得孝道，會知道感恩。父母與其糾結在孝順或孝道這一件事情上，不如調整一下自己那固執、守舊的心態與觀念，並學習如何給子女一個良好的家庭教育，建立正確的價值觀，才是親子之間比較健康的相處之道。

◎子女對父母

姑且不論孝順或孝道這一件事，無論父母做得好或不好，都還是會有一些不善待父母、自私的子女。也有一些子

女會嫌棄自己的父母，認為不是自己理想中的父母。即便是很明智、盡責的父母，子女都不一定會感謝，更何況有一些父母，或許不是那麼明智或善盡責任。

明智又盡責的父母，跟貧富或有沒有高學歷，並沒有絕對的關係。只能說，富有與高學歷的父母，會有相對充足的資源來養育子女。有一些父母，不管自身的經濟狀況如何，或有沒有受過教育，也會努力想給子女最好的，除了物質上的需要及家庭教育，也會盡力讓子女能夠受最好的學校教育。

大部分的父母心裡，應該都希望自己能夠做好父母的角色，但是有一些父母，或許是因為自身能力不足或是其他原因，而沒有辦法做到讓子女滿意。但是無論父母所做的，兒女是否認同或滿意，子女都不能否定父母的付出，因為即便只是養活小孩，也不是一件容易的事。要養大一個小孩，照顧溫飽與健康都需要耗費很多時間、金錢、體力和精神，更何況有些父母，光是只想餵飽小孩這件事就已經很困難了。

即便父母有不是，或子女無法做到凡事順從父母，但至少也不要忤逆父母。即便父母比較沒有能力，不能滿足子女的所有需求，子女也不該嫌棄自己的父母。

　　子女要抱怨或苛責父母的不是之前，是否也要看看自己，有沒有做好自己的本分？只有不明智的子女，才會因為父母沒有符合自己理想中的條件，而埋怨父母。子女不知道有沒有想過，或許自己也不是父母心中理想的孩子。

　　即便父母有缺失，或付出的是多是少，至少子女有受過父母的幫助或恩惠。如果對於朋友或陌生人的幫助都會覺得感謝，那麼為什麼會不在乎或否定父母的付出呢？因為自私、不懂事的子女會認為，父母給什麼都是應該的，如果給得不夠，就是父母的錯。

　　如果父母對孝順的標準，是父母自己決定的，那麼，父母給的夠不夠，也是兒女依據自己的標準來認定。有些兒女是不是也沒有反省過，自己的要求已經超過父母能力所及的限度？如果不滿意父母做得不多、給的不夠，那麼兒女本身對父母又做了多少、給了多少、能做多少、能給多少？

　　相對的，有些兒女連自己該盡的本分也沒做好，不知道有什麼立場要求或埋怨父母？有些兒女都長大成人了，還無法自己獨立生活，或常做一些會讓父母擔心、傷心的事；有的則是自己不努力，一直跟父母要錢，如果要不到或要不夠，還會口出惡言，甚至傷害父母。

此外，更有些自私的兒女，長大後就棄父母於不顧，因為已經從父母身上撈走一切好處，已經得到自己想要的。有的子女是直接拿走父母的財產；有的是父母年紀已大，沒有能力再賺錢，也沒有存款或財產。總之，就是父母已經沒有利用價值了。

　　尤其是有一些受父母栽培的兒女，明明有能力，還要對父母斤斤計較，還看不起父母又老又窮，都忘了自己是因為花了父母的錢才會有今天。兒女不是用了父母及社會的資源後，長了身體、長了腦袋就可以過河拆橋，還嫌父母沒讀書、沒知識、沒錢。不是每個人都那麼幸運，有機會享有父母及社會的資源，如果是這麼自私，或許把這些資源，拿去栽培懂得分享或回饋的人，對社會會更有意義。

　　做子女的，別嫌父母嘮叨，也不要覺得不耐煩。有時候父母說的話，沒有什麼重點、也不是什麼重要的事、會常說重複的話，或是說的話題不是讓人太感興趣，其實，父母就只是想找機會和兒女說話而已。因為大部分的父母，通常不會跟子女說「我愛你」。

　　做子女的，也別嫌父母動作慢、事情做不好、犯糊塗、常常忘東忘西，尤其是對已經年邁的父母，因為父母把自己

大部分的年輕力壯、身手伶俐、頭腦清醒時期，都用在扶養子女。每一個人都有變成老人、身體機能老化的一天，只是時間早晚的問題。

自私又沒有良心的子女，除了不知感謝，還嫌棄自己的父母、拋棄自己的父母、讓父母看自己的臉色過日子，更不用談什麼孝道這一件事了。

無論孝順或孝道的認定為何、認不認同父母的付出，做兒女的都要心存感激。這世界上當然沒有完美的父母，也沒有完美的兒女。一個成熟、明事理、有良心的兒女，會包容父母、尊敬父母，會懂得飲水思源的道理，因為會理解父母一路走來多不容易。事實上，兒女是靠著父母才能長大的，那麼，長大了的兒女，是不是也要當父母老了時候的依靠？這不是交易，而是親情、是倫理。

父母都還健在的子女是很幸運的，要把握與父母相處的時間，不要等到父母都離開了，才來後悔。有些人的父母已經不在身邊或離世了，連想與父母說句話、抱怨一下，或想與父母分享都沒有機會。

父母給的多，是子女的福氣，子女不要認為是理所當然；父母給的少，子女不要埋怨父母，因為沒有出生在豪門

貴族之家，不是父母的錯。如果子女覺得自己的不足，是因為父母的缺失，也不要去指責父母，因為自己的人生，本來就要自己負責，反而要更努力地去改善自己的不足，讓自己更好。

父母給的多，是恩惠；給的少，是考驗。子女們應該要停止怨天尤人，別拿父母當作是自己不孝、不思上進或貪心的理由。

父母如果有錯，或許就是錯在沒有把自己的子女教好，沒有給子女良好的家教與正確的觀念，才會導致子女思想上的偏頗。

一些自私、不知感恩的子女們，不知道有沒有思考過，在自己遭遇到生命危險時，認為別人會不考慮自身安全冒死相救，還是相信自己的父母會這麼做？雖然不太確定這世界上，有多少人的心裡會真心地希望另一個人好，但應該可以確定，父母希望自己的子女好是真心的。

要對父母盡孝道並不難，全看自己有沒有心、有沒有良心。無論自己所做的，是不是所謂的孝順並不重要，除了要照顧好自己、不做讓父母擔心和傷心的事之外，要盡自己的能力照顧父母、陪伴父母，而且必須是自動自發、發自內心

的。這是一種分享，也是表達對父母的感謝。

　　人在順境時，不要忘本；人在逆境時，要知反省、要更自立自強。以前，父母也是把自己擁有的與子女分享，子女長大以後，也應該把自己擁有的與父母分享，道理就是這麼簡單！

子女嫌棄父母列舉

1.嫌棄父母不夠有錢，沒有財產。

2.嫌棄父母沒念什麼書，沒知識。

3.嫌棄父母的工作或職業，不夠高尚。

4.嫌棄父母給的，不是自己想要的。

5.嫌棄父母給的不夠。

6.嫌棄父母又老、又沒能力賺錢。

7.嫌父母嘮叨。

8.嫌父母年紀大，動作慢、事情做不好。

9.嫌父母老糊塗、或常常忘東忘西。

讀者朋友認為什麼才是「孝道」呢？

第四回 跟父母講道理這回事

跟父母講道理，各有各的理。所謂的「有理走遍天下」，但「道理」在家裡好像經常會「寸步難行」？

　　有一些家庭對於「講道理」這件事是有障礙的。不知道和家人是否真的比較難講道理，在家一開始講道理，就可能是爭執的開始。所謂的「有理走遍天下」，但「道理」在家裡好像經常會「寸步難行」？

　　很多家庭裡的是非對錯，界線似乎有點模糊，很多事好像無法用邏輯、對錯的角度去看待。即便是一家人，每個人也有不同的立場和意見，所認同的「道理」也不一樣。

　　也許是家人之間，存在著一層親情血緣關係，才會使得與家人講道理這一件事，變得相對比較困難。家裡通常比較講感受、講情感，感情會大過於道理。

　　雖說家裡應該是個輕鬆自在的地方，但並不表示可以很隨便。不論年紀和性別，家人之間還是要有個基本的禮儀

和尊重，包括父母與子女、兄弟姊妹、夫妻之間等。對於在家講道理這一件事，尤其是在子女與父母之間，尤其顯得困難，因為除了要考量親情的關係之外，還有與長輩不對等的地位或世代差異的因素。不論是誰有道理，很多時候相處上的不愉快，其實都是於一些想法上或行為上的不同而產生的矛盾。

父母與子女之間的一些矛盾，不一定是誰對誰錯的問題，而只是觀念不同，各有各的理。但其實大部分的問題，都是父母與子女雙方，還沒有找到一個最適當的方式來溝通各自的道理。

舉生活經驗上的例子來說，很多父母要進子女的房間，會直接開門進入，沒有先敲門的習慣。子女們可能從小就已經習慣了，也不期待父母會改，但對於此事，心裡還是感覺不太舒服。或許是因為在家裡不拘小節，父母也不會覺得這樣有什麼不對；還有一些比較強勢或較不理性的父母，認為自己是長輩或房子是自己的，要進哪個房門，無需徵求任何人的意見。這些父母的想法跟行為，可能是因為對「尊重隱私」的觀念比較薄弱。

可能也有一些人很少、或幾乎沒有看過自己的父母長輩

認錯或道歉。大部分的人，從小都被教導，犯錯時要道歉，如果子女犯錯時要道歉，那麼父母做錯事時是不是也應該要道歉呢？有些父母自己理虧時，不解釋也不道歉；有的會用一些沒道理的道理，或用一些不適當的藉口來掩飾或強辯；有的根本也不用講道理，而是以一種上對下的權威方式，比如說「誰才是長輩」、「我是你爸爸」、「我是你媽媽」這類的話，而不願意面對自己的錯誤，也不願意溝通。尤其在一些比較年長的長輩觀念裡，長輩認為的道理就是道理，沒有年長者要向晚輩或子女道歉這回事，不知道是不是認為承認錯誤是一件有失威嚴的事？

有時候，也會常聽到長輩說：「我走過的橋，比你走過的路還多。」或是「我是為了你好」這類的話。當然，如果從正面解讀，長輩是認為子女要聽從、尊敬長輩，因為他們有比較多的人生經驗，只要照著他們說的去做，就不會錯。相信大部分的父母對子女，出發點應該是好的，但是「好」是個很難定義的形容詞，好不好，只有未來才知道。

且不論長輩是對、是錯或恰不恰當，有時候長輩說的話也許是有道理的。只是這一些比較權威式說法，通常都只有父母單一的想法、單方面的表達，在大部分的時候，都沒有

想要聽取子女的意見，顯然就不是一個良性的溝通方式。

　　有時候，子女想用是非道理來與父母溝通或爭論時，常會被視為忤逆，是家庭和諧的破壞者。雖然是一家人，但每個人的立場、意見不盡相同，也就是因為這些不同，所以溝通交流更加重要。然而很多時候，理解及尊重好像又會被誤認為認同或接受。

　　雖然有些事情，可能只是生活上的小事，但家人之間，還是得互相尊重。不講道理或難以溝通的父母，只會讓子女感到很失望，而這個失望，很有可能變成對父母失去信任。當家人之間沒有信任為基礎時，只會造成家人之間更多的隔閡與爭執，家庭就不會和睦。但通常，有明智的父母與子女的家庭，溝通也會比較順暢，會比較少出現類似的家庭問題。

　　其實，很多人在家裡講道理會失敗，就是因為溝通上的障礙，而這些障礙，很多是因為溝通的雙方對事情認知上的不同。家人之間的互動很重要，如果缺乏互動、互相參與、互相分享各自的故事與想法，要如何期待互相理解與包容？

怎麼回事？
WHAT'S WRONG

　　當然，不論是父母或子女，即使不認同對方的想法、做法，但至少也要彼此尊重，並找出一個彼此都能接受的方式。父母與子女之間，如果以強硬的方式去辯論誰是、誰非，是解決不了問題的，只會傷了和氣。

　　種種的矛盾與對錯之間，與其先講道理，不如先調整一下心態，從關愛與包容的角度出發，再去溝通各自的想法，也許才是家庭之中的道理。這才是緩和與家人之間的矛盾較好的方式，才有助於維護良好的家庭關係。

跟父母講道理的事列舉

1. 父母要進子女的房間，不先敲門。
2. 父母的言行不恰當。
3. 父母理虧時不道歉。
4. 父母對於某些事情的知識有誤，但仍然堅持自己是對的。
5. 父母偏心，對子女們沒有公平的待遇。
6. 父母不認同子女做事的方式或習慣。
7. 過度干涉子女的事，例如父母喜歡擅自安排或替子女做決定。
8. 父母對子女交往的朋友有意見。
9. 子女想搬出去住，但父母不同意。
10. 子女想要發展的志向和父母的意願不相同。
11. 父母與子女對於事情的輕重緩急的認定有落差。
12. 不論是什麼事，父母認為子女都要順從。

怎麼回事？
WHAT'S WRONG

**讀者朋友認為要如何改善
跟父母講道理這一件事呢？**

第五回 重男輕女這回事

即便到了現代，仍然無法屏除重男輕女、男尊女卑的傳統觀念。這個傳統觀念，還是會一直延續下去？

傳統觀念本身沒有對或錯，它只是在過去的時代背景下，所產生的思維，即便到了現代，男尊女卑、重男輕女的傳統觀念，依然存在著。

在過去以農業為主的時代，整個大環境如科技、資訊、知識、經濟、文明等並不發達，是一個比較需要靠體力的時代，男性因為有先天上的體能優勢，因此從事生產的工作就得依靠男性。除此之外，在遭逢戰亂之際，也必須要仰賴男性的先天體能優勢，以捍衛國土。由於男女生理本質的差異，男性成為維持家計、保家衛國的主導者，也順理成章成了當家作主的人。

在一個男權主宰的時代，由於先天的性別特質，女性在體能上、生理上處於相對弱勢，女性大多必須依附著男性，

權利、地位也相對卑微。做家務、負責生育、在家相夫教子，就成了女性的主要職責。

對於兩性平等，歷經了漫長的努力至今，透過推動性別平等的觀念與建立相關的法律，已經大大地改善了歧視女性的現象，提升了女性的地位。姑且不論真正的性別平等是否能實現，或者這是不是一個真正的目標（這個議題所涉及的層面太廣、太複雜，有待被持續地研究探討，就不在對此詳加討論），兩性平等的發展，也許還有一段很長的路要走，但是它儼然已經成為了當今的社會，重要的基本價值。

即便在這個講求男女平等的時代，似乎有一些人依然存在著重男輕女的觀念。這一些人，包括較年長的長輩，由於時代背景的關係；或受上一代父母影響的人；或缺乏兩性平等教育或觀念的人。

在現代社會中，有些人還是有「男主外、女主內」的心理，認為女性就是應該要在家負責家務、相夫教子，不要在外面拋頭露面。但是，如果一個家庭中的男性沒有足夠的能力獨力養家，那麼，女性不是就得出去工作，分擔家計？在這個傳統觀念與面對現實之間，應該是有些矛盾吧？而且，即便女性得外出工作，做家務的事，仍然被認為是女性的責任！

在現在這個高度競爭的大環境裡，一般家庭要維持生活或養育小孩並不容易，即便是夫妻都在工作的雙薪家庭，也是很辛苦的一件事。

更何況，即便不是為了家庭經濟壓力的因素，很多現代女性也有自己的興趣或理想，或有自己的職業或事業。這已經不是一個靠大量體力為主的時代，女性可以獨立自主，不一定得依附男性才能生活。

社會上不難看到有一些父母或長輩，因為有比較嚴重的重男輕女傳統思維，而造成一些家庭裡的矛盾與衝突。有的父母，也不覺得重男輕女有什麼不對，而正大光明地表現對兒子、女兒的差別待遇；而有的則是，明明重男輕女，但不會承認自己對兒子、女兒分別有不公平的對待，但從很多的言行中，其實就已經暴露了一切。

不論以前或現在，總會有一些人，為了生兒子來傳承家族姓氏、延續香火、養老送終，且不管自己有沒有能力負擔，就一直生到有兒子為止。這不僅是會造成家庭問題，也容易造成社會的負擔。

在現實上，男女先天性的生理差異，應該會一直存在，重男輕女的觀念可能也不容易消失。有一些父母，心裡只重

視兒子，對待兒子比對女兒好，有什麼好東西或資源，全給兒子或是兒子優先，但不知道這樣，能不能就確保兒子未來會盡孝、有擔當、有成就？萬一將來兒子不盡孝、沒擔當、沒成就，讓父母的期望落空時，父母是不是再回頭找女兒，要求女兒要承擔？

不是因為男女有先天上的差異，女兒就得被委曲求全或被犧牲去成全兒子，而受到不平等的對待。

在現實上，至少這世界到目前為止，男性與女性還是必須共存，不能只有男性，而沒有女性；也不能只有女性，而沒有男性；兩者缺一不可，不是嗎？

無論是男是女，都有各自要扮演的性別角色。兩性並不是一種互相對抗的關係，而且是建立在一個互補、平衡、融洽共處、互相尊重的基礎上。對於男性或女性、兒子或女兒，並沒有哪個比較重要的問題，也不應該是一個問題。

兒子或女兒，將來會不會照顧父母、報答父母、過得好不好、有沒有成就、對社會有沒有貢獻，跟性別無關。有一些長輩、父母，應該要停止那些對兒子、女兒差別待遇的觀念與行為。兒子、女兒都是自己的小孩，都是自己生命的延續，都一樣重要，必須公平對待。如果因為自己的眼裡只

有兒子、沒有女兒，因而造成兄弟姊妹之間的嫌隙，丟了女兒、也丟了家庭的和樂，這不是一件明智、正確的事，將來可能會因此而後悔。

重男輕女的觀念列舉

　　1.女人要做家務，男人不用。

　　2.女人要嫁人，要生小孩。

　　3.為人媳婦，一定要生個兒子來傳宗接代。

　　4.為人媳婦，要負責家務、伺候公婆、服從公婆、逆來順受。

　　5.生了兒子，就大張旗鼓的宴客，生了女兒，就沒有如此待遇。

　　6.女兒未來要嫁到別人家，女兒是賠錢貨。

　　7.兒子、女兒都犯錯時，先責備女兒，或只責備女兒。

　　8.有好吃、好玩的東西，先給兒子，有剩的才輪到女兒。

　　9.家裡大部分的金錢或資源，都用在兒子身上。

10.女兒未來要嫁人，不用讀太多書，早一點出社會工作
　　賺錢，幫忙負擔家計。
11.要求女兒給孝親費，兒子不用。
12.拿女兒給的孝親費，再轉手拿給兒子。
13.家產家業，由兒子繼承。

讀者朋友認為還有哪些
重男輕女的觀念呢？

 第六回　# 溺愛孩子這回事

有些父母，可能心裡面正在後悔，因為自己的溺愛，慣出了不孝、軟弱、沒出息或闖了大禍的兒女，但表面上，又不能承認自己的失職。溺愛，是缺乏理性的愛，不是真正的愛。父母常說愛自己的小孩，但卻又要做一些對小孩沒有幫助的事!?

　　在生活的周遭裡，應該不難看到有一些父母會過度溺愛自己的小孩。父母除了供應「最好的」食衣住行，孩子任何生活起居、上學的事，也都幫忙處理得妥妥當當；對孩子的任性或犯錯的行為，不但放縱、捨不得責備或糾正，也會替孩子負責到底。

　　這些被溺愛的孩子從小到大，只要父母還健在的一天，幾乎什麼也不必做、不必懂、不必負責，不必擔心，反正一切有父母在，孩子就永遠當個「小孩」就行，難道這樣才叫做「無條件的愛」？

◎生活能力

　　有些孩子，從小到大可能都沒有自己動手收過或洗過自己用過的杯子、收拾過自己的衣服、自己換過床單、使用過洗衣機等，更沒有幫忙過任何的家務，因為在家裡所有的一切，都會有人自動做好。

　　對於只要是孩子想要的東西或提出的要求，不管是不是需要的、合理的，父母都有求必應，即使在經濟上或能力上有些困難，也會想盡辦法滿足，而且都是無條件的。

　　父母慣著小孩，捨不得讓小孩做任何的勞動，因為捨不得小孩「吃苦」!?不知道這是不是一個誤解，溺愛跟讓孩子快快樂樂、無憂無慮地長大，應該不是同一件事。給小孩機會學習、練習，才能培養小孩獨立及負責的能力，幫助小孩在心理上及生理上健康快樂的成長，這跟「吃苦」沒有關係。現在的「捨不得」，小孩將來可能得為了父母自己認為的那個「捨不得」的感覺，付出很大的代價。

　　生活上的基本能力，等長大後再學習也不是不可以，但是一個人已經養成的習慣、已形成的觀念，要改變雖不是不可能，只是會比較困難。觀念與習慣會影響一個人的人格發

展，對一個人的影響有可能是一輩子的事。

　　當然，小孩如果幸運，出生在家境優渥的家庭，或許有足夠的金錢或資源請他人做，也許不需要會做這些生活上的事。不過，父母可能要有把握，自己的錢能源源不絕地供應，足夠讓小孩一輩子花不完，一輩子都能錦衣玉食！但世事無常，萬一將來有了變數，錢用光了，兒女又沒有生活技能，也沒有能力養活自己時，該怎麼辦呢？

　　一個過慣凡事有人伺候，過慣舒服日子的人，是很難接受一切得自己動手做或沒錢花的痛苦的，是很難過苦日子的。更何況，大多數的家庭，都是一般普通的家庭，不是富豪。

◎觀念與行為

　　有一些父母，對於小孩的任性及錯誤的行為，不約束也不糾正，因為「捨不得」。小孩犯錯時，家長都捨不得責備，反正不管發生什麼事，有爸媽在，爸媽會負責，負責向人道歉、處理善後，導致孩子從小就分不清楚是非對錯，也

不懂什麼叫負責任，更不會知道，有些行為可能會帶來的利害關係和後果。

有一些父母，即便面對自己的兒女闖下大禍，蓄意傷害別人或犯了法，也要加以袒護。父母不但沒有讓兒女反省、認錯，反而還會替兒女找理由，試圖避重就輕、掩蓋兒女犯錯的事實，例如強調自己家的小孩很乖、很孝順或很老實、怪罪別人或怪被傷害的人、怪別人帶壞自己的小孩……等，一些不是很理性的說詞。事實上，一個又乖、又孝順、又老實，或有考慮到家人的人，應該不會去為非作歹或蓄意傷害他人，做讓父母擔憂的事吧？

有些人做了錯誤的行為，不是父母自己沒親眼看見或不知道，就代表沒發生，就能盲目地偏袒。面對自己的小孩犯錯，很多父母其實是自己不想面對事實，或只是想逃避自己的疏於教導。

當然，有些孩子會去為非作歹或誤入歧途，不一定全是因為被父母慣壞的結果，也有可能是孩子自己不學好或是受了某些外在環境的影響，雖然孩子終究得為自己的錯誤行為負責，但父母也責無旁貸。

有些父母可能也沒想明白，孩子終究是一個獨立的個

體，將來的一切，都得孩子自己獨自承擔。小孩子犯錯，父母或許還能夠處理，但是等孩子長大後，如果真的闖了大禍就太遲了，這就不是父母能不能代為負責的問題。

◎結論

父母和子女共同生活的時間有限，不太可能一輩子都在一起，父母是無法代替兒女過生活，無法伺候、負責兒女的一輩子的，因為在未來的某個時間點，理論上，父母通常會比兒女先離開人世。如果父母先離開，要怎麼負責？父母能陪兒女到什麼時候，並不是父母能控制的。

溺愛小孩的父母是自私的，因為只為了自己想要這麼做。當被慣壞的子女發現，外面的世界都沒辦法順著自己，而無法承受時，回饋給父母的，可能不是感謝，而是抱怨和責怪。無論父母以後是不是有機會看到，應該都不希望兒女過得很辛苦吧？

有些父母可能心裡面正在後悔，但表面上又不能承認，是因為自己的溺愛才慣出了不孝、軟弱、沒出息或闖了大禍

的兒女。

　　孩子從小到大，父母對孩子的生活起居一路包辦，就容易養成孩子依賴的心態，導致孩子無法獨自打理好自己的生活；捨不得讓孩子勞動，就容易養成孩子懶惰的習慣，導致孩子缺乏分擔及與人互相幫助的觀念；讓孩子予取予求，就容易使孩子誤認為什麼東西都可以不勞而獲，理所當然，導致孩子不懂珍惜物品、不知道感恩、不知道要付出；縱容孩子的任性、胡鬧，就容易使孩子總以自我為中心，我行我素，不懂包容他人、不懂如何與人相處；孩子犯錯或闖禍時，予以袒護或包庇，就容易造成孩子缺乏是非觀念、行為偏差、缺乏擔當。

　　父母對孩子一切的特殊待遇，已經妨礙了孩子的學習機會，而造成了孩子失去獨立的能力，缺乏正確的觀念與生活態度，可能也沒有辦法獨自面對挫折與壓力。

　　溺愛孩子的父母，可能需要瞭解，孩子長大出社會後，不要期望在社會上會有人對自己的孩子寵愛或給予特殊待遇，而且，一個被慣壞的人，是不會受歡迎的。

　　父母由於過度地溺愛孩子，因而慣壞了孩子，其所要付出的代價，可能是難以估計的。而這些代價，不一定會發生

在現在，但當未來的某個時候必須要面對時，父母與孩子都得去承擔．這世界很現實、很競爭，到處充滿挑戰。

有一些父母只想著要替兒女的一切負責、替兒女的人生準備得好好的，而不是把心思用在教育兒女、培養兒女負責與獨立的能力。即使是父母，也無法為兒女的一輩子掛保證的。即便父母家財萬貫，保證有足夠的錢讓兒女一輩子花不完，但人生的意義不是有錢花就好，而且，兒女如果沒有良好的金錢觀念，尤其是錢並不是兒女靠自己賺來的，不知道是否有能力把錢管理好？

父母不是都期望兒女將來能成為一個知道感恩、優秀、有擔當、有能力的人嗎？父母常說愛自己的小孩，但卻又要做一些對兒女沒有幫助的事？

父母的愛，不是讓兒女變成一個依賴、懶惰、放縱、任性、沒責任感、觀念偏差、沒有能力、不知感恩的人，也不是為兒女打造一個沒有挫折、無需用腦思考的世界。挫折與思考，應該是人生的一部分，父母剝奪兒女學習的機會，只會讓兒女將來更辛苦。

溺愛小孩是父母的自由，但這對小孩的現在與未來沒有幫助，而且是自私、不負責的作為。兒女將來終究得獨自面

對這世界，不論是為了生存或生活，一切都得靠自己，一切得自己負責。溺愛是缺乏理性的愛，不是真正的愛。

當然，大部分的父母都愛兒女，都會寵愛兒女，都想給兒女最好的，這是很自然的事，並沒有什麼不好，但寵愛不能變成溺愛。在寵愛的同時，也要負起家庭教育的責任，建立兒女正確的價值觀、培養良好的生活態度，幫助兒女成長，讓兒女未來能獨立自主，有能力為自己負責、有能力因應環境的變化、有能力去追求自己的生活和快樂，才是對兒女真正地負責任，才是對兒女最好的寵愛，這樣兒女將來才會感謝父母的付出與教導。

溺愛孩子列舉

1. 孩子從小到大，一切的生活起居，父母都做得妥妥當當。
2. 從小到大，孩子的物品都由父母負責收拾整理。
3. 孩子從小到大，父母都捨不得讓孩子勞動或要求幫忙任何的家務。
4. 孩子從小到大，吃的、喝的、用的，父母都負責遞到孩子面前。
5. 孩子從小到大，不論該做什麼事，父母都負責提醒或乾脆幫孩子做。
6. 對於孩子想要的東西或提出的要求，不管是不是需要的、合理的，父母都想辦法滿足。
7. 孩子從小到大，父母任由孩子任性、胡鬧。
8. 孩子從小到大犯錯時，父母都捨不得責備或糾正孩子的錯誤。
9. 孩子從小到大闖禍時，父母都加以袒護、包庇，並代替孩子負責，負責道歉、負責處理善後。

讀者朋友認為還有哪些是
溺愛孩子的行為呢？

第七回 公德心這回事

這個社會，有些人似乎並不在乎公德心這一件事，而常做出一些自私自利的行為，不知道是不是覺得有人也沒做好，擔心自己做得太好「會吃虧」？還是認為「反正也不差我一個」、「反正大家都一樣」、「即便做了，也幫不了全世界的人」，或是「沒時間」？每一個人的小小行為，不僅有可能演變成與人的衝突，危及自己的健康與安全、鬧出人命，甚至攸關人類的生存，只是遲早的問題。

　　公德心，就是維護公共道德的行為，是一個社會群體的概念，是尊重自己、尊重他人、尊重社會大眾利益、愛護環境的表現。公德心反映著一個社會的文明素養，是文化的美德，也是一個文明社會的重要價值。公德心，不僅是反映著一個人的家教及修養，也是維護社會秩序及自然環境的重要基礎。

　　隨著文明的進步、教育的普及，人民的知識程度普遍提高，道德標準也隨之提高，但這社會上有一些人，似乎還趕

不上這個已經進階的道德標準？

很多社會及環境問題，包括人與人之間的尊重與衝突、損害社會公共利益、環境污染等，都是因為缺乏公德心而導致的，而使人的日常生活、健康及生命安全受到很大的威脅。

沒有公德心的人，是一個自私自利的人，不但不受歡迎，也容易造成紛爭，甚至會觸法。社會上還是存在一些缺乏道德觀念的人，凡事以自己的便利為原則，無視他人的感受，而做出一些干擾或危害他人、社會及環境的行為。從一個人的日常行為，就可以知道其道德修養。

在日常生活中，因缺乏公德心而造成他人的困擾或與他人的衝突，不勝枚舉，例如在公共場所或大眾運輸工具上大聲說話、大聲講手機，而干擾他人的安寧；在便利商店或自助式的餐飲場所，用完餐飲，不清理自己遺留的垃圾，而造成商家或他人的不便；因為插隊而與人口角；事先以人或物品占據公共停車格或公共座位，導致與人爭執等。

也有許多人，由於缺乏公德心而做出損害公共利益、危及公共安全的行為，增加社會成本，例如破壞公物、破壞公有的花草樹木；行車不遵守交通規則、不禮讓行人；行人違

規穿越馬路；隨意停車，占據道路，阻礙交通動線；占據騎樓、大樓樓梯間或逃生動線等公共空間，做私人使用等。

除此之外，許多人由於缺乏公德心，而導致了很嚴重的環境問題。這些人不知道是不是因為對於環境保護認知不足，所以不懂得愛護環境，才做出一些破壞環境的行為？應該有許多人不太關心自然環境的危機，也許認為這離自己太遙遠而事不關己；或者對於自然環境到底發生了什麼事，一無所知？這是一個很嚴肅、也很嚴重的問題。

許多人的一些行為，已經嚴重地造成環境的負擔，例如有人會隨意亂丟垃圾；購物時，不自帶能夠重複使用的袋子；使用過多的塑膠製品、寶特瓶；經常使用一次性的免洗餐具，紙杯等；浪費食物、水、電、或過度消費等。想像一下，地球上幾十億人口，如果每個人心裡都認為「這有什麼關係」，而都做出一樣的行為，那麼，這將會是一個大災難。

當做出這些不必要的浪費或製造垃圾的行為時，不知道有沒有人想過，社會上還有一些弱勢或偏鄉孩童，因為貧困、資源不足而無法好好地過生活；這世界也有很多地方的人，因為糧食、資源嚴重匱乏，甚至連乾淨的水都沒得喝，

而處於一個飢餓、衛生條件惡劣、生命隨時受到威脅的環境當中。

大量的垃圾及廢棄物、排放廢氣及廢水、塑膠微粒等問題，已經造成了嚴重的空氣污染、土壤污染、海洋污染，而這些人為因素，正在加速地球暖化及北極冰融的危機。人類會面臨資源短缺的生存危機，都是因為文明的人類缺乏道德心，日積月累所造成的結果。

社會上總有一些人，對於自己做的自私、缺德的事，會心存一種「反正不差我一個」或「怕吃虧」的心態，或以「又不只我一個」、「反正大家都一樣」、「即便做了，也幫不了全世界」、「沒時間」等理由，試圖合理化或掩護自己自私自利或懶散的行為。有的則是拿一些道德水平相對低的人或國家來做比較，只是為了證明自己並不是最差的來安慰自己，減低自己的罪惡感。找盡所有的理由，就是要為自己的自私、消極的態度辯解。

這個社會就是因為許多人有「不差我一個」的心態、喜歡跟比較差的比，而阻礙了道德水平的提升。反之，一個有良好心態、有社會責任的人，想的應該會是，如果自己多做一件正確的事，社會及環境就能減輕一點負擔。

　　公德心，也不是為了做給別人看的，而是每一個人應盡的社會責任。對於自己的行為，無論有沒有人看見或會不會被發現，都不應該存有僥倖的心態。任何會對他人、社會、環境造成負面影響的行為，都是不道德的，都是不可取的。

　　公德心，不是只關係到個人有沒有教養的問題，而是關乎整個社會、整個世界、整個地球的問題。每一個人的小小行為，不僅有可能演變成與人的衝突、危及自己及他人的健康與安全、或鬧出人命，甚至攸關人類的生存，只是遲早的問題。

　　社會的公共道德，是靠每一個人共同維護的。有公德心的人會有社會群體的觀念，對自己的行為會顧慮到其他人，不會做出損害公共利益、增加社會成本的行為。公德心不僅是為了他人、社會或環境，同時也是為了自己，因為有了良好的環境品質，才能有更好的生活環境。

　　人的行為，不能只靠法規或罰則的約束，最重要的，是取決每一個人的道德良知。一個人的公德心與家庭教育有很大的關係，因為公德心的培養就是從家庭開始的。

　　每一個人，都應該盡力提高自身的修養，注重公共利益。即便這個社會有一些基礎建設或環境相關政策不盡完

善，但也正因為如此，每個人更需要盡力地從日常生活中一點一滴做起。

　　為了能有更安全、更好的生活環境，就得提升公德心的修養，而這需要更積極的家庭教育及社會公民教育來幫助實現。每一個人都需要從現在開始，發揮自己的公德心。

　　公德心，都是舉手之勞的事！

怎麼回事？
WHAT'S WRONG

缺乏公德心的行為列舉

1. 在公共場所或大眾運輸工具上，大聲說話、大聲講手機或大聲聽音樂。
2. 在排隊的場合插隊。
3. 在公共場所，隨地吐痰、亂丟垃圾。
4. 在非指定的吸菸區吸菸、在電梯裡面吸菸等。
5. 垃圾不分類。
6. 放任寵物或小孩在街上隨地遺留排泄物。
7. 感冒時，出入公共場所不戴口罩。
8. 製造噪音，擾亂他人。
9. 使用完公共場所提供的共用服務物品後，例如報章雜誌等，不放回原位或占為己有。
10. 在便利商店或自助式的餐飲場所，用完餐飲不將餐盤放在指定的回收區、不清理自己遺留的垃圾等。
11. 在大眾運輸上或公共場所，在做得到的情況下，不願讓座給有需要的人，尤其是博愛座。
12. 在使用公共洗手間時，故意浪費衛生紙、水等資源。
13. 在使用公共洗手間時，不沖馬桶，鞋印留在馬桶上。
14. 浪費食物，製造垃圾。

15. 購物時，不自帶能重複使用的購物袋，使用及丟棄過多的塑膠袋。

16. 經常使用一次性免洗餐具、紙杯等，製造垃圾。

17. 使用及丟棄過多的塑膠製品、寶特瓶。

18. 破壞公物、對公用物品亂塗鴉。

19. 破壞公有的花草樹木。

20. 虐待動物、遺棄寵物。

21. 占據公共空間做私人使用，例如騎樓、大樓樓梯間等。

22. 非殘障人士，將車子停在公共停車場的身障專用車位。

23. 事先以人或物品占據公共停車格或公共座位。

24. 隨意停車，占據道路，阻礙人流或車流的交通動線。

25. 開車時，亂按喇叭，製造噪音，擾亂秩序。

26. 行車不遵守交通規則、不禮讓行人。

27. 行人違規穿越馬路。

讀者朋友認為還有哪些是
缺乏公德心的行為呢？

第八回　**金錢這回事**

錢很重要，有錢真好。但這世界，為什麼是金錢至上，而不是有高等智慧的人類至上？錢，是被有生命、有智慧的人類支配，還是支配人類？人要有錢，但不當一個沒品德又無知的有錢人；不當一個既不有錢、沒品德又無知的人；不當一個只有外表光鮮，內在空虛的人。

◎金錢的功能

錢很重要，有錢真好。無論有錢人、沒錢人，人人都需要錢。人要有錢，因為在這個文明的社會，人需要用錢去換取食物、物品，才能填飽肚子、才能生活；國家也要有錢，有錢才能照顧人民、才能建設，國家富足，社會才能安定，人民才能過比較好的生活。如果有人說：「錢不重要。」那就太不切實際了，因為人在生活上的食衣住行育樂，都需要用到錢。

　　雖然金錢不是人生的全部，但金錢確實很管用，它可以讓人生存、過比較好的物質生活、讓人有比較多的選擇、支持人想要實現的願望、也可以做為提升自我的資源。沒錢，可能只能有一個選擇、或根本沒得選擇。至於要擁有多少錢才算有錢，並沒有一個標準，因為每個人的期望值不同。但是基本上，錢的數目是沒有上限的，因為無論人有多少錢，永遠都不會嫌太多。

　　有錢不一定快樂，但有錢還是比沒錢好，至少人生少了一個為了要生存下去的煩惱。貧窮導致不快樂的機率，還是比較高的，因為很多人的不快樂，或一些人間悲劇，大部分都是和錢有關。

　　在這個金錢掛帥的社會裡，似乎有錢就有面子，沒錢就沒面子；有錢的人說話有人聽，沒錢的人說話沒人理；有錢有親戚朋友，沒錢就沒親戚朋友。雖然這些話聽起來，有一點太過極端或殘忍，但這些現象，經常出現在生活的周遭裡。這世界之所以現實，也是因為在金錢面前，總有一群忠實粉絲，對於名牌、高檔名車，身分地位、頭銜、豪宅等，一味地、或卑微地崇拜與討好。

　　在這個現實的世界裡，有些人因為有錢才受歡迎，不知

道這是不是一件值得開心的事，因為真正受到歡迎的，不是人，而是錢！

錢可以幫助一個人、拯救一個人，也可以毀滅一個人。錢，可以讓人拿來做為炫富之用，也可以使人反目成仇、蒙蔽良心、失去理智、讓人使惡、讓人因為爭奪遺產而六親不認。

◎仇富心態

當然，有錢人，也會被一些人、或很多人不喜歡。仇富是因為富人都會被人用放大鏡，以更高的道德標準來看待？是因為這社會上有太多的為富不仁？

這個社會上的富人，致富的途徑都不同：有的富人，靠非法的手段賺取金錢；有的富人，為富不仁，沒有道德、自私自利；有的富人，是所謂含著金湯匙出生的；有的富人，是因為運氣特別好；有的富人，靠創業成功；有的富人，靠投資理財；有的富人，憑自己的知識或專業能力，累積財富。

　　確實，富人會被一些人仇視也不是沒有原因的。有一些富人，以非法或不道德的手段獲取金錢而致富，傷害他人、罔顧社會大眾利益，非常地不可取，而且無論在法律上或道德上都是不能被接受的；有一些富人，當然也包括錢是父母給的富人，品德修養不佳，鋪張浪費、態度囂張跋扈、愛炫富，給人的觀感非常地負面；對於一些比較缺乏社會責任的富人，對社會沒有顯著貢獻，也讓人覺得很失望。

　　不過，有一些人對富人的仇視、不友善，似乎是一視同仁？這種無差別的仇富心態，是因為不想正視他人的成就，還是不願意面對自己的不足？

　　其實，很多人心裡應該都很清楚，並非所有的富人都為富不仁。有一些富人，能有今天的財富或成就，不是偶然的，是付出很多時間、精力、體力、學習，或是一般人想不到的代價，靠自己的奮鬥累積來的。很多人只看到眼前的結果，而沒看到其背後的努力或對社會的貢獻，或許是因為太聚焦在能夠量化的金錢本身，而使得其他的價值都被這金錢所遮蔽。

　　即便有一些富人真的是因為運氣好而致富，或者是含著金湯匙出生的人，也不需要覺得為什麼有些人沒有付出，就

可以得到現成的財富，或者抱怨為什麼自己不是出生在富貴人家？

「幸運」並沒有錯，而且並不是一件可以事先被決定的事。

無論是因為感覺或嫉妒的關係而無差別仇富、或盲目地仇富，都是無濟於事的，因為這樣對自己並沒有幫助，也不會讓自己更好。

不用抱怨自己沒有富爸爸或富媽媽、或不夠運氣，因為這應該已經是無法改變的事實，不如認真思考一下，為富不仁除外，自己有哪裡不足才不有錢的？自己是否有努力，有盡全力？自己是否有花時間在學習？自己是否有充實專業能力？自己是否有足夠的金錢概念與知識？自己是否願意挑戰創業？自己是否選擇安於舒適圈？自己是否有目標？自己是否缺乏行動力？自己是否有毅力？自己是否浪費時間及金錢在一些對自己沒有太大意義的事物上面？

無論是因為感覺、缺乏自信、或嫉妒而仇富，不如用心在自己身上，積極學習，提升自己，並以理性、正面的心態去看待那些對社會有正面影響力、有回饋之富人。

　　富，沒有問題，是自己心態的問題；為富不仁，才是社會很嚴重的問題。

　　仇富的人，不知道是否希望自己有一天也能變成富人？如果答案是肯定的，將來當自己有一天成為富人時，不要為富不仁、不要無差別仇富，不要忘記要承擔更多的社會責任，回饋社會。

◎金錢與財富

　　當今的社會，常常會用金錢做指標，去衡量一個人的價值、去比較誰的錢多，例如拿自己與別人比，比行頭、比排場；拿社會上的富太太與企業家相比；拿誰的小孩比誰的小孩會賺錢等等，而忽略了其他對個人、對社會的重要價值。每個人在社會上，應該都有自己所要扮演的角色與責任，這種喜歡去比較誰錢多的心態與行為，在生活周遭並不少見，似乎是一個很普遍的社會氛圍。

　　很多人對「財富」的定義，往往只侷限在金錢。當然，財富也包含金錢。不論如何看待金錢，或金錢對每個人的意

義如何，人不是只要有錢，能吃飽喝足就好，除了物質上的富足之外，也需要精神上的富足，兩者缺一不可。人類有別於地球上目前已知的其他生物，有一個很重要的差別，就是人類有創造的能力、有紀錄的能力，使人類的智慧、文化得以傳承，而文明得以持續發展。

外在的物質財富，可以讓人活著、過更好的物質生活；而內在的精神財富，有別於其他生物，是人類的價值、人生的意義，包括健康、時間、倫理道德、愛、誠信、善良，自律、智慧、人生閱歷、積極的態度、知識技能、人際關係等，對個人及社會很重要的「無形財富」。

當然，生活在這社會上的人，都不能否定金錢的重要，因為錢是人要生存的必需品。而人得先能溫飽、能生存後，才有能力去追求其他更高層次的滿足。

在這個高度競爭的社會裡，很多人忙忙碌碌一輩子，都是為了溫飽而打拼，光是為了溫飽就很不容易了，也許很難有多餘的時間與精力，深入地去思考關於人生的價值。

生存確實不容易，但在這個社會上，似乎有許多人在滿足基本生存或各方面的物質享受之後，就一直停留在這個追求物質的階段，而沒有進而對其他更高層次的自我提升。

　　許多人的一生，都只有以追求金錢為目標，為了錢，忽略了自己的健康、陪伴家人的時間、學習及提升自我的機會；為了錢，放棄了倫理道德、善良；為了錢，失去誠信；為了錢，與人反目成仇、傷害人際關係。

　　無論目前是有錢、還是沒錢，一個缺乏內在財富的人是很空虛、很貧窮的。精神財富是一個人的力量，而且這個力量是會累積的。這個力量，雖然不能保證一個人就能變成有錢人，但它能提升自我價值、提升心靈富足，也是提升金錢財富很重要的支持力量。

　　錢，畢竟是身外之物，是會變動的，錢有散盡的風險，對人也沒有忠誠度；而內在的精神財富，看似無形，但會忠誠地與一個人同在，萬一錢沒了，只要內在的力量還在，就有機會再賺取金錢財富。

　　只有錢，但腦袋貧窮、心靈也窮，應該不會快樂；沒有錢，腦袋貧窮、心靈也窮，應該更不會快樂。

◎金錢概念

錢很重要，大部分的人，應該都想要變得更有錢或成為有錢人，但實際上，能成功的人應該還是少數。有的人，只想著要變有錢，但只付出少少的努力；有的人，想要變有錢，但對金錢沒有概念，而變得對生活不滿，怨天尤人、嫉妒富人。

無論每個人是以擁有多少金錢為目標，無法達成目標的原因可能很多，但抱怨、羨慕、嫉妒、仇視富人，也不能改變什麼，不過，把心思放在提升自己，是自己可以決定的事。

既然想要有錢，除了努力之外，金錢觀念很重要。姑且不論一個人能賺多少錢，不管是很有賺錢能力的人、很拼命賺錢的人、還是極度省吃儉用的人，只要是對金錢概念很薄弱的人，通常會比較難留得住錢。在合法的前提下，即便這世界上每個人的收入所得都一樣，但到最後，也是只有極少數的人能成為有錢人。通常，對金錢概念的落差，會造成不同的結果。

想要有錢，為了可以讓自己能過得更舒適、讓自己能有

多一點選擇、讓自己能實現想做的事，不能只有光會賺錢、光靠省吃儉用，如果對錢的認知不足、花錢不經思考、沒有計劃，就比較難實現自己的目標。

有一些人，除了生活上所需要的必需品之外，常會把錢花在一些無法保值、無法累積價值或創造價值的物質上，例如無法控制自己虛榮慾望的人，常把想要的奢侈品，當成是必需品；貪小便宜的人，為了貪圖特價促銷的小利、設有消費額度門檻的折扣差異，而購買一些根本用不完或根本不適用的物品，因而造成很多無意義的浪費。

賺錢很辛苦，要累積金錢財富，更不是一件容易的事。通常沒有金錢概念的人，往往對於時間也比較缺乏概念。在現實社會裡，錢是有成本的、錢是有時間價值的，「時間就是金錢」，浪費時間無所作為或花在無意義的事情上，就是在浪費創造金錢的時間；「金錢就是時間」，每一筆花掉的金錢，都是用時間換來的，浪費金錢就是與自己的時間在做交易，而人生的時間有限。

即便是一些有富爸爸或富媽媽的恩惠才成為有錢人的人，因為錢不是靠自己賺來的，更需要提升自己，才有能力好好地管理金錢、運用金錢，才不會變成一個缺乏知識與能

力的有錢人。

　　無論自己目前是不是一個有錢人，有正確的金錢觀念與知識，才能更瞭解金錢的價值與意義，才能幫助自己對金錢做出最好的決定，讓自己更有效地管理金錢、支配金錢、開源節流及認識投資風險。這些都是很重要的生活能力，是家庭教育很重要的一部分，不但應該要從小開始培養，並且要持續地學習，如果小時候錯過了，也應該從現在開始學習。

　　花出去的錢，如果沒有發揮到錢的價值，錢就只是過路財神，一去不回。金錢、能力及金錢概念，都是一個人很重要的資產，有賺錢的能力及正確的金錢概念，才能更有效地的掌握金錢。

　　一個比較明智且看得長遠的人，會懂得要投資自己，提升自己的價值、充實投資理財知識。理論上，有能力、有投資理財知識的人，應該還是會比沒有能力、沒有投資理財知識的人，更有成功的機會吧！

　　當然，有正確的金錢觀念及投資理財知識，並不能保證就會更有錢或成為有錢人、也不能保證有錢人永遠都有錢，但如果一個人對自己想追求的東西不了解，失敗的機率就會比較高。在現實的世界裡，沒有掛保證的致富祕笈，但是一

個人如果能學習正確的概念與知識，會有助思考，有助提高金錢財富的機會。想要有錢，沒有輕鬆的捷徑，是需要投資自己及付出時間學習的，不想付出又不學習，要如何有機會得到更多？

◎結論

　　談論金錢不需要覺得庸俗，避談錢是不切實際的，畢竟到目前為止，大部分的人還是得靠錢來生活，得靠錢來實現自己的願望。不管願不願意承認，大部分的人還是很難與金錢作對，人人都需要錢，也愛錢，應該沒有人想要貧窮，與其避開它，不如正視它、瞭解它，充實對錢的觀念與知識，才有能力為自己做出最好的決定。

　　人要用正確的心態正視金錢，在獲取金錢與支配金錢上，做正確的決定，並發揮它存在的價值。錢本身沒有善惡的問題，而是要看它是被人如何取得、被用來行善、還是被用來行惡；是讓人用來提升自我、還是用在滿足無止境的物質慾望上。

獲取金錢的道德及社會責任，非常重要。一個人能夠以正當的方式，憑自己的實力累積金錢財富，是一種自我成就，但如果為了錢，失去理智、蒙蔽良心，而傷害他人，就太不應該了。

　　有些人，即便用盡了體力與時間，也不能保證能發大財，反而讓人生都消耗在追求錢財上，而犧牲了其他更重要的東西。錢是幫助一個人追求自我實現的工具，但它不是人生的目標，更不是人生的目的。

　　金錢和價值，雖然有不同層面的意義，但錢，如果能用在提升自我，就會更有價值；用在回饋社會，就會更有的意義。

　　人類不應該是被沒有生命的金錢支配，而應該是由有生命、有智慧的人類來支配它。人類發明了錢，但卻演變成金錢至上，而不是有高等智慧的人類至上？

　　錢可以人變成惡魔，也可以把人變成天使；人可以把錢變成惡魔，也可把錢變成天使；全看自己的決定。不要為了錢而做惡，不要拿錢使惡，而讓錢成了社會的萬惡之源。

　　每一個人都有各自存在的價值，不需要仇視、嫉妒富

人，應該把心思放在改善自己的不足、更加地努力，因為自己希望變得更有錢，而且有一天也有可能會變成有錢人；富人也需要給社會做一個好榜樣，因為有足夠的能力影響社會，所以社會會有相對高的期待，取之於社會，用之於社會。

在現實中，每個人都必須接受這個世界沒有「均富」，很難有絕對地公平，貧富的問題會一直存在，雖然現在無法改變這個事實，但可以改變自己。

既然錢對人很重要，那就應該用一個良好的心態去看待它、瞭解它、發揮它的價值。想要有錢，不能只用想的，而不付諸行動，為什麼不多學習金錢的相關知識？為什麼要把錢花在一些對自己不是很有幫助的事物上？想要變成有錢人，為什麼要仇富，而不把心力放在改善自己的不足，盡全力提升自己？

外在的金錢財富是一個變動風險比較高的資產，而品德、勤勞、自律、積極、知識、經歷等內在的財富，才是一個人能持有的最穩當資產，是讓自己往前的動力。

人生不能等待中頭獎致富，想要不勞而獲或一夕致富是不切實際的，要付出、要學習才比較有機會。

不當一個沒品德又無知的有錢人；不當一個既不有錢、沒品德又無知的人；不當一個只有外表光鮮，內在空虛的人。

錢本身沒有問題，問題在人的價值觀及心態。不論有錢、沒錢，都要用良好的心態正視金錢、用正當的方式賺取金錢、明智地支配金錢，不應該放棄做一個有品德的人，不應該放棄成為一個更有金錢財富的人，不應該放棄成為一個更有精神財富的人，不應該放棄做一個對社會有用的人。

沒有得到自己想要的生活，阻礙自己的人，是自己，不是別人。

金錢的功能列舉

1.讓人生存。

2.讓人過好的物質生活。

3.用來孝敬父母。

4.用來行善、助人。

5.用來投資自己（如受學校教育、出國留學、進修、學習才藝等）。

6.用來旅行。

7.用來支持自己想實現的事。

8.用來回饋社會。

9.讓人反目成仇。

10.讓人蒙蔽良心。

11.讓人六親不認。

12.讓人失去理智。

13.讓人炫耀。

讀者朋友認為金錢對自己的
意義是什麼呢？

第九回 說話這回事

　　說話這一件事，是人生的大事。不是因為人能說話，就可以隨便說話。是什麼原因，讓有能力說話的人不好好說話？說話的品質很重要，不好好說話，一定會後悔；不好好說話，也是一種言語暴力。不好好說話，是現在社會上一個很嚴重的問題。

　　一個人如何說話，是一種習慣，也反映出一個人的教養及心態。一個人能夠說話，不是理所當然，而是一件無比幸運的事。說話，是表達自己及與人溝通最重要的工具，同時也顯露了一個人的道德修養。

　　如果能夠說話是本能，那麼如何說話，是一種能力。說話的能力，不是指能發出聲音、使用哪一種語言、或是說話油嘴滑舌、喋喋不休，而是關於一個人用什麼聲量、語氣、內容、用字遣詞及表達的方式。從說話大概就可以感覺出一個人是個怎麼樣的人。很多時候，一個人給他人的第一印象就是從說話開始，會暴露一個人的心態及修養程度。

不好好說話，會影響人際關係，是家庭與社會和諧的破壞者。有一些人或許就是覺得說話很簡單，而忽視了說話的重要性。說話這一件事，是一件大事。無論是有心或無心的，一個口氣或一句話可以改變一個人、給人力量、救一個人，也可以傷害一個人、毀了一個人。

　　一個人如何說話跟家教及成長背景有相當大的關係，且深受父母的影響。小孩從出生開始，父母就是小孩學習說話的主要對象。不難看到有一些不好好說話的父母，不能約束自己的情緒與言行，不論對錯，習慣性地以聲量遠超過受話者能聽到的程度、近乎吼的方式說話或責罵；或口德不佳，常在說話的言詞中加「死」字、不雅的髒話，或常用一些貶損人的言詞。這是一件很嚴重的事，因為這是「言語暴力」，不但給小孩做了一個壞榜樣，而且對小孩的心理有非常負面的影響。

　　這社會上，不懂得或不願意好好說話的人似乎很多，不好好說話、缺乏口德的人，是很不受歡迎的。有時候，別人表面沒說、不予理會，只是覺得沒必要浪費時間和這樣的人計較；如果家人選擇沈默，只是在忍讓或留面子，家人的忍讓並不是理所當然的。當家人不再忍讓、或也用同樣的方式

說話時所造成的結果，輕則家庭失和，重則家庭破碎。

　　一個表達能力不佳的人，即使沒有惡意，也可能因為不善言辭而造成他人的誤解，進而引發衝突，但說話的音量、口氣、口德往往是導致衝突的導火線。即便是自己有理、或沒有惡意，以情緒性的方式大聲講話、咆哮或使用不雅的字眼，通常只會讓人覺得沒教養、討厭、無理取鬧，或者是在挑釁。

　　說話的態度與表達的方式，除了與自身的家教、修養有關，也會受到整體社會環境所影響，尤其是大眾媒體、電視節目及公眾人物。任何在公開平台上傳達的訊息或言論，無時無刻都在影響著社會大眾，尤其是小朋友。有一些電視節目或公眾人物，經常上演一些激烈的負面情緒、說話尖酸刻薄、使用不雅字眼、挑釁、辱罵、叫囂、詛咒、混淆視聽的言論等非理性的言行，難道沒有思考過這樣會對小朋友和大眾產生不良的影響嗎？這無所不在的大眾媒體，是小朋友很容易接觸到的學習、仿效管道，要靠家長用管制的方式去避免小朋友接觸，並不是一個解決問題的根本之道。

　　雖然維護社會善良風氣是每一個人的責任，但大眾媒體及公眾人物背負著社會大眾的期待，應該要負起更大的社會

責任，發揮正面的影響力，引導社會善良風氣，給大眾一個良好的示範，對於任何公開的言行，需要更加地理性、謹言慎行，以更高標準來要求自己。

說話這件事或許會受到所處大環境的穩定度、成熟度所影響，包括社會、文化、政治、經濟、氣候等因素。如果所處的大環境不夠安定，無法給人民足夠的信心、安全感，就容易造成人民情緒的不安，而影響人的心理與行為，讓人變得短視近利，也許就會藉由提高說話的防禦力或攻擊力來自我保護。不知道現在整個生活的大環境，是不是真的使人如此不安，才不能好好說話？還是因為很多人都缺乏說話的道德修養，才造成這個生活的大環境越來越不安定？

一個口氣、口德不好的人通常也不會好好聽他人說話，因為這樣的人，只想講自己想講的。除了不尊重他人、不善與人溝通外，往往是缺乏自信的表現，害怕不被認同，沒有自信可以讓人信服自己所說的話，所以用這種單向模式，試圖阻斷或逃避任何可能與自己不同的訊息或想法。

不好好說話的人，不但不能達到自己想要的目的，既不快樂也會傷害到別人、或讓自己受到傷害。禍從口出，往往就是由於低估了言語的影響力。

當然，要怎麼說話是每個人的自由，但說話的自由不是用來隨意傷人、製造紛爭、破壞社會秩序的。話不好好說，可能就會成為言語暴力！

生活在一個文明進步的環境裡，禮貌和尊重是最基本的文明表現。想得到別人的尊重或認同之前，應該要先學會用適當的音量、理性的方式說話，但是心態不正確，通常就很難做到。

好好說話，不分年齡、性別、貧富、學歷、地位。說話的修養必須從小培養，從家庭教育開始。父母本身必須先做好身教，才能幫助小孩成為一個能好好說話的人。

真正有意義的話，不是取決於強辯；真正有說服力的話，不是取決於情緒性的語氣；真正有力量的話，不是取決於聲量的大小。

一個有良好的心態、明智、有修養的人，即便不善言辭、表達能力不佳，有話會好好地說，並會尊重別人。好好說話是做人的基本修養，這樣才能受人尊重，也才有機會得到良好的回應和結果，這是良好人際關係的重要因素。

說話，是一件人人都必須學習的大事，要改變說話的習

慣也許需要一點時間，但最重要的還是要從一個健康的心態開始，只要心態改變，應該就可以改善自己說話的樣子，提升說話的品質，這是自己現在就可以決定的，就從現在做起吧！

不好好說話列舉

1. 總以情緒性的方式說話。
2. 大聲講話、近乎吼的方式說話或責罵。
3. 口德不佳或口不擇言，例如常在說話的言詞中加「死」字，或使用一些不文明、不雅的髒話對人辱罵、叫囂、詛咒。
4. 常說負面的話。
5. 說話喜歡挑釁。
6. 說話尖酸苛薄或酸言酸語。
7. 說話習慣拐彎抹角。
8. 喜歡用反義、諷刺的方式說話。
9. 喜歡用反問的方式說話。

10.喜歡用懷疑的語氣說話。

11.用不耐煩的語氣說話。

12.說話常只說一半，不說完整。

13.態度傲慢，常用敷衍的言詞或說應付的話。

14.言語中常帶有歧視或鄙視的意思。

15.說話的用詞遣字故意誤導，試圖混淆視聽。

16.總是說模稜兩可的話，不說清楚。

17.說話無厘頭式的隨便亂說、或用詞不當。

18.說話故意口齒不清。

19.喜歡誇大其辭、說大話。

20.說話總是以偏概全。

21.說話偏激、話說到滿而不留任何餘地。

22.說人身攻擊的話。

讀者朋友認為是什麼原因
讓有能力說話的人不好好說話？

第十回　認錯這回事

對有些人來說，為什麼承認自己所犯的錯誤，為自己的錯誤
負責，是如此地困難？甚至為了不願意承認錯誤，還試圖用
一些扭曲的方式粉飾自己的過錯，而一錯再錯，是價值觀出
了什麼問題嗎？

　　人都會犯錯，因為不小心而犯錯、衝動而犯錯、故意犯
錯、犯小錯或犯大錯，而造成自己或他人的困擾、損失或傷
害。

　　有些人犯了錯，由於是非觀念薄弱或無知，所以不知道
自己錯在哪裡，即便被指正，也無法明辨是非，不認為自己
有錯，因此不懂得認錯；有的人知道自己錯了，但不認錯；
有的人知道自己錯了，不會主動認錯，但被指正時，還是會
認錯。有的人知道自己錯了，會主動認錯、道歉；有的人知
道自己錯了，會主動認錯、誠心道歉、虛心接受別人的批評
指教、會負起責任、會自我反省、會改進。

無論是有心的還是無心的，知道錯誤、承認錯誤，是做人的基本道理，但對有些人來說，要做到似乎有點困難。知錯而不認錯的人，對於認錯這一件事，可能有認知上的問題，覺得認錯有失尊嚴，很沒面子，覺得認錯就輸了？

　　有一些人明知自己有錯，不但不認錯，還會找盡理由與藉口來為自己的錯誤辯護，試圖合理化自己的不當言行或轉移焦點、避重就輕，或把錯誤轉嫁到別人身上，比如怪罪別人太嚴苛、指責那些揭發自己的人、認為自己的錯是別人害的、指控有誰也要承擔錯誤、指名有哪些人也有做錯過、舉例有一些人錯得比自己多，心裡總是想著「別人可以，為什麼我就不可以？」、「很多人都這樣，為什麼只針對我？」

　　一個做錯但無法坦然面對錯誤的人，通常是心態有些偏差，因為缺乏勇氣面對，所以選擇找理由來逃避。一個不能對自己的言行負責任的人，與一個人的家教有很大的關係。

　　也有一些人，心裡明知道自己有錯或理虧，但心存僥倖，以為只要沒人發現就可蒙混過去，當被勸告或指正錯誤時還是不願承認錯誤，反而惱羞成怒、大動肝火，結果就是開始強辯，與人爭執。

　　社會上有一些悲劇，就是因為有一些做錯不認錯的人造

成的。因為不認錯，而使原本的一件事情延伸出更多枝節，最終引爆成情緒上的問題，而使事情演變至難以收拾的局面。當然，認錯與道歉如果不是真心的，只是想敷衍了事，也會讓事情變得更糟。

向人認錯、道歉，真的不是一件可以開玩笑的事，不應該是為了道歉而道歉，更不應該是一個習慣性的口頭禪。一個人如果沒有真正地反省悔改，沒有誠心地道歉，別人都可以感受得出來。道歉的目的，不是為了每一次的犯錯而準備的。

認錯、道歉，是對自己及別人負責，是為自己的錯誤所造成的結果必須付出的代價。認了錯、道了歉，也不要指望別人一定得諒解，如果別人願意原諒，是別人的寬容，獲得原諒並不是一件理所當然的事。無論道歉會不會被接受，都是自己該做的，至少會有機會得到好的回應。

自己惹的事要自己負責處理善後，不是只有道歉就可以免除自己應該負起的責任。真正的道歉，是要提出解決的辦法，彌補對別人所造成的傷害，才是真正的負責任。

不認錯的心態，不僅不會維護自尊，反而是一種沒有風度、沒有修養、懦弱、不負責任、不成熟的行為。惱羞成

怒、強辯，只會讓事情越往負面發展，對自己、對別人都沒有好處，也不能解決問題。真的有錯，就該誠心道歉，有時候就能大事化小、小事化無，事情就解決了。對於認錯、道歉這一件事，不知道對一個人會有什麼壞處，但對有一些人來說竟是如此地困難？甚至為了不願意承認錯誤，還試圖用一些扭曲的方式粉飾自己的過錯，而一錯再錯，是價值觀出了什麼問題嗎？

勇於認錯，為自己的錯誤負責，虛心接受指教並誠心道歉、悔改是一件很了不起的事，是讓人尊敬的。當自己因為別人的過錯而受到傷害時，也會希望別人能誠心地向自己認錯、道歉，不是嗎？

知錯認錯的類別

1. 無知的人做錯，但因為是非觀念薄弱，即便被指正，也不知道自己錯在哪裡，所以不知道認錯。

2. 知道自己錯了，但不認錯。

3. 知道自己錯了，不會主動認錯，但當被指正時，還是會認錯。

4. 知道自己錯了，會主動認錯、道歉。

5. 知道自己錯了，會主動認錯、誠心道歉、虛心接受別人的批評指教、會負起責任，會反省，會改進。

知錯不認錯的藉口列舉

1. 怪罪別人太嚴苛。

2. 指責揭發自己的人。

3. 認為自己的錯，是別人害的。

4. 指控有誰也要承擔錯誤。

5. 指名有哪些人也有做錯過。

6. 舉例有一些人，錯得比自己多。

7. 「別人可以，為什麼我就不可以？」「很多人都這樣，為什麼只針對我？」

讀者朋友認為是什麼原因
讓一個犯錯的人不肯認錯呢？

第十一回 心存僥倖這回事

反正不會那麼倒楣，把命運交給運氣吧！只要成功一次，就
賺到一次。心存僥倖，會成為習慣，而且是一個很危險的習
慣。總是懷著僥倖心態行事的人，就像是一顆不定時炸彈。

　　僥倖的心理，存在人性的某個地方，有的占比例比較
大，有的則比較小，差別在於對這種心理的掌控度。這社會
上，似乎有一些人很難控制自己的僥倖心態，這種僥倖心態
會成為習慣，而且是一個很危險的習慣。

　　心存僥倖的人相信運氣，其實就是在賭運氣，賭它發生
的機率。每一次僥倖的結果，都存有一半一半發生的機會，
也就是50%與50%的機會。

　　僥倖，當然是在賭自己的運氣，不論是好的事情或不
好的事情，自己知道它會發生的機率很低。常以僥倖心態行
事的人，通常不會管自己的行為是否正確，只想根據自己的
需要或喜好，且樂觀地相信，事物會按著自己想要的結果發

展，亦即獲得利益或避免災害的結果。

比如買彩券這一件事，其實大家都知道中頭獎的機率極低，但還是心存希望，覺得自己有機會得到幸運之神的眷顧；對於不好的事或違法的事，例如考試作弊、闖越馬路、開車超速等，常常認為自己應該不會那麼倒楣，就是在賭會被發現的機率，會比不被發現的機率低。

心存僥倖的人，只想投機，把命運都押在運氣上，因為相信失敗率很低。無論好事或不好的事，反正成功一次，就賺到一次。通常，僥倖只要成功一次或數次，就在不知不覺中變成一種習慣。但萬一失敗了，往往也不會反省自己的缺失，而是只怪自己運氣不好。

不管是在生活上或工作上，總是心存僥倖的人是很危險的，因為所做的事都靠運氣來決定，隨時都在製造自己及他人的危機。

僥倖的次數越多，碰上的機率就會越高。

依賴僥倖心態行事，可能造成的後果可輕可重。如果只是買買幾張公益彩券小試運氣，期待中獎，就當是做公益，也許無傷大雅。但如果把全部家當拿去作賭注，想靠中大獎

翻身，萬一失敗了，自己與家庭可能就會因此陷入困境，甚至妻離子散。

更可怕的是，有些事只要一次沒有過關，可能就是個大災難。例如假設觀光郵輪的業者，明明知道救生設備不足，但為了節省成本或其他原因心存僥倖，在沒有符合規定的情況就開航；或是飛機檢修技師心存僥倖，沒有依照標準程序完成檢查的工作——因為他們都在賭船難或空難會發生的機率很低。

這個社會因為有過多的僥倖心態，而讓生活周遭處處充滿危機。有些人常有僥倖心態，特別是對違規或違法的事。很多重大的交通事故，只因為一些人碰運氣的心態而造成許多家毀人亡的悲劇，也毀了自己人生或丟了自己的命。這已經不是只嘆一口氣或說一句「真倒霉」就算了，也不是收一張罰單或負法律責任就好，對那些無辜的受害人或家庭，要怎麼負責呢？

有些事不是可以賭運氣的，但是在日常生活中，卻總是一直在發生。不知道為什麼，有一些人明知道違法、或已經知道可能的風險，還是控制不了自己的僥倖之心，是不是一定得要吃到苦頭、得到教訓、付出重大的代價才會學乖？答

案似乎是否定的，如果會的話，就不會有人還是講不聽，像是酒駕、超速、颱風天去海邊或登山，或無視警告標語，在危險海域游泳戲水、違規闖越馬路等。做違反規定的事，不是沒有被逮到就沒關係。心存僥倖的人，如果只在乎會不會被發現、會不會被逮到而不在乎會不會出人命，那就太沒有良心了！

　　一個習慣心存僥倖的人，也會表現在工作態度上。對自己該做的工作，不想付出努力或時間做好，心想只要不會被主管發現、沒有被點名就可以過關，反正等被發現了再找藉口。

　　有的人，總是想著蒙混過關。一次成功，不會永遠都成功的。如果不控制自己的僥倖心態，無論行為有沒有觸法，即便是日常生活上的小動作，都有可能造成無法收拾的後果。

　　凡事即便再謹慎小心、準備得再周全，還是有可能出意外，更何況是心存苟且心態，大大地增加了意外發生的風險。如果輪到運氣不好的那一天，再後悔也無法挽回。這樣的人，通常就是不想把事情腳踏實地、按部就班地做好，草率行事，沒有防範未然，難道非要等到出事了或出人命了才

來反省或後悔嗎？

　　憑藉運氣而得到的成功或逃過的災難是不會持久的。大部分的成功，是無法靠僥倖的。一個人的僥倖心態，不僅是成功的阻礙，也可能為自己帶來災難，而且很多的後果不是自己的能力所能承擔的。

　　比較難控制僥倖心態的高風險群通常包括一些只圖自己方便的自私之人、不腳踏實地的人、懶散的人、喜歡偷懶的人、沒有耐心的人、喜歡找藉口的人、逃避的人、愛幻想的人、過度樂觀的人。

　　放任自己僥倖心態的人，就像是一顆不定時炸彈，因為隨時都有可能做出一些讓人無法預測的危險行為。這些人難道不會日子過得心驚膽跳、心裡不會覺得不踏實嗎？是不是不在乎自己、也不在乎家人？還是根本不在乎會不會造成別人的困擾、傷及無辜、危害社會？

　　當一個人決定要以僥倖心態做一件不正當的事時，並非不知道其風險性，而是明明知道卻還是執意這麼做，而使原本應該可以避免的風險，卻因為自己的僥倖行為而發生。選擇做不好的事、選擇不腳踏實地把事做好，是自己做的決定，所以就不是無辜的，而是蓄意的，「不小心」、「不是

故意」不能當作僥倖行為的藉口。

　　一個負責任的人，會約束自己的僥倖心態，會做正確的事，會把事情確實地做好，會愛惜自己、顧慮家人及社會大眾的公共安全與利益。人生，不是靠碰運氣的，事情不會總是按照自己的願望發展！

心存僥倖的行為列舉

1. 考試作弊。
2. 家中有幼童的父母，隨意擺放有危險性的用品，例如刀、剪刀、打火機、熱水熱湯等。
3. 在建築物的樓梯間、緊急出口等公共空間，堆放雜物。
4. 行人闖越馬路，不看交通號誌或不走斑馬線。
5. 因為路程短，騎機車不戴安全帽。
6. 無照駕駛汽機車。
7. 汽機車違規臨停。
8. 開車不繫安全帶。

9. 因為沒看到交通警察，就闖紅燈。

10. 開車時，在沒有測速照相的路段超速。

11. 酒駕。

12. 汽機車乘載小孩，沒依規定做好安全保護措施、沒使用小朋友安全座椅。

13. 無視警告標語，在危險海域游泳、戲水。

14. 天候不佳或颱風天，去海邊觀浪或登山。

15. 做事偷工減料。

16. 販賣黑心食品、偷東西、賭博、詐騙、貪污等不法行為。

17. 出入境攜帶違規、違禁物品。

18. 凡事能拖延，就拖延。

讀者朋友認為還有哪些是
心存僥倖的行為呢？

第十二回 偏激這回事

偏激的人，完全以自我為中心，覺得對的一定是自己，錯的
當然都是別人。這個社會是不是偏激的人越來越多，而理
性、客觀的人越來越少？

每個人都有自己的個性、思想與立場，對人、事、物也
有各自的好惡。如果一個人的自我主觀意識過於強烈，堅持
己見，不免會陷於認知上的片面性，因而缺乏客觀性，很容
易自我設限。一個人的思想偏激，是個人的自由，也許很難
用對或錯去論斷。姑且不論思想偏激對個人所產生的影響，
如果因為這個「偏激」的個人特質，而做出冒犯他人、傷害
他人、或對社會有負面影響的行為，那就太不恰當了。

一個偏激的人，往往會因為過於以自我為中心，無論自
己所認知的人、事、物是否正確或恰當，都固執己見，通常
也不能夠接受其他與自己不同的觀點。當然，不接受與自己
不同的觀點，也是個人自由，但如果以激烈或貶損他人的方
式，企圖改變或強迫他人要和自己一樣，那就是侵犯他人的

思想自由。

　　當今的社會上，似乎有一群人常常會為了喜歡而喜歡、為了討厭而討厭、或對人不對事。而且，常會把自己的主觀意識發揮到極致，凡事都依照自己的好惡作為標準，非黑即白。對於自己喜歡的，什麼都是好的；對於自己不喜歡的，就全盤否定，所有是非對錯都由自己認定，對的一定是自己，錯的當然都是別人。當面對任何不符合自己期望的事物、或當自己的觀點面臨挑戰時，就會情緒爆發，言行失控。

　　一個社會，如果偏激的人太多，而理性與客觀的人太少，對社會的安定是一個很大的危機。在生活的周遭，極度偏激的人並不少見，不知道是家庭、還是社會環境出了什麼問題？不知道一些思想、言行偏激的人，是因為本身的無知、情緒不穩、受家庭及社會的不良影響、蓄意的，還是純粹就是自己個人的選擇？

　　有一些人，是不是只要自己認為5是1＋4，或5只能是1＋4，就不能接受2＋3、0＋5……；或者是由於知識不足，所以只知道5是1＋4，而不知道5也可以2＋3、0＋5……？

　　一切的人、事、物對每一個人的意義都不同，每個人也

都各有所好及各自的立場，這並沒有什麼不妥，也不一定是對或錯的問題，只是不一樣而已。

無論自己有多好的觀點與見解，如果總要以激烈的情緒，去對抗任何與自己期望相左的人、事、物，惡言惡行地爭辯或攻擊別人，最後的結果，通常都不會如己所願的，因為，即便一時講贏別人，別人應該也不會就此改變。

偏激的人，往往不會去正視自身的不足，而只專注在找尋別人的瑕疵與錯誤，想要藉由否定他人來肯定自己、貶低他人來抬高自己。即便對別人的無心之過也很難以寬容，更會以不符合比例的極端情緒對待他人。

會造成一個人偏激的思想、偏激的言行，除了家庭要負起責任，大眾媒體、公眾人物及電視節目，也要一起承擔責任。這個社會似乎瀰漫著很多偏激、聳動、憤怒與仇視的公開言論，是意圖挑動大眾的情緒、製造社會的紛爭與對立、擾亂社會的安定嗎？難道都沒考慮到，自己的下一代都在看、都在學嗎？

除非是無知或是無法擺脫被情緒控制的人，大多數的人心裡面其實都清楚，或應該要清楚，自己喜歡的人也會有缺點，不喜歡的人也會有優點；每一件事或每個決定，也會有

不同的面向及優劣利弊，要全部都符合每一個人所有的期待或喜好，可能太不切實際。但是偏激的人，選擇不去面對這個事實。

這社會似乎很缺乏理性、缺乏尊重、缺乏客觀，是非對錯及道德界線也變得很模糊。不是為了捍衛自己的觀點就可以冒犯他人、貶損他人；不是不認同他人，就可以強迫或攻擊他人。如果這個社會每個人都用同樣的方式，那將會是一個大災難。一個人會用激進的情緒逼迫他人、或情緒容易被人挑動，是因為對自己沒信心，沒有把握能說服別人嗎？

這是一個自由、多元的社會，每一個人都有權利發聲，所以會有各種不同的聲音。即便不認同他人，應該要予以尊重，不是嗎？但是偏激的人，不僅比較難尊重別人，也難以被尊重。一個人無論是什麼立場、什麼觀點、有理或無理，偏激及情緒性的言行是沒有說服力的，顯露出來的只有情緒、任性、固執、沒教養。言論自由，不是用來擾亂社會秩序的。

一個理性、客觀的人，應該是不會以這種偏激的情緒、貶損他人、冒犯他人的方式來維護自己觀點的。即便每一個人對於人、事、物都有各自主觀的看法或評論，但應該也可

以理性地討論、客觀的分析，兩者並不衝突，不是嗎？

　　每一個人都應該要面對，在現實的生活裡，這社會上的人、事、物很難盡善盡美，也無法附和所有人心裡所想要的。當然，這個社會因為還有很多的不足，才會有一些不滿、批評的聲音。

　　但有一些人，是不是忽略了這些不滿或批評的目的是什麼？不是為了想改善，希望這個社會能更好，讓生活環境更好嗎？當在表達不滿或批評的同時，不是應該也需要提出一些對於改善問題有幫助的建議嗎？

　　偏激的思想及言論，對社會是沒有幫助的，只會讓社會越來越負面，與自己的意願距離越來越遠。任何人都不應該利用這個自由民主平等社會的尊重與包容，而不尊重他人，不包容他人，忘了自重。在享受思想與言論自由權利的同時，在享受尊重與包容的同時，應該要為這個社會的和諧與進步負起責任。

　　一些大人或公眾人物們，為了社會的健康與進步，要約束自己的言行，給大眾及下一代做個好榜樣，才是正確的，能帶給他人或社會正面的影響，才是在貢獻社會。

每個人都可以選擇當一個既有主見但又理性、好好說話、尊重不同、客觀、與人分享、給社會正面影響力的人，全看自己的決定。

✐ 偏激的衍生性特質列舉

1. 自我或自大，自己都是對的。
2. 情緒起伏大，不能冷靜，易怒。
3. 以自己的好惡為標準，是非對錯不是重點。
4. 為了喜歡而喜歡、為了討厭而討厭、對人不對事，缺乏理性、客觀。
5. 不允許任何與自己不同的人事物。
6. 片面性地看待人、事、物。
7. 面對任何的不順或挫折，怪罪別人，一切都是別人的錯。
8. 憤世嫉俗。
9. 好嫉妒他人。
10. 好爭辯。

11.喜歡挑釁。

12.負面心態。

13.喜歡用極端的言語。

14.努力找人缺點，想辦法貶低別人。

15.不想看到別人的優點。

16.心懷敵意，好與人為敵。

17.以偏概全，只有完全肯定與完全否定兩種選擇。

18.喜歡鑽牛角尖。

19.得理不饒人，無限上綱。

讀者朋友認為偏激
會帶來什麼影響呢？

第十三回 暴力這回事

沒有任何人必須為另一個人的偏差、負面情緒或意願而受到暴力對待。會使用暴力的人，是個自私、無能、逃避、殘忍的人。這些會使用暴力對待他人的人到底是怎麼回事？這個社會到底是出了什麼問題？

在原始時代，弱肉強食，攻擊是為了生存，或許也是為了滿足征服慾的一種表現，暴力傾向是人類與生俱來的本能。但生活在現代，人不能再恣意使用這個暴力的原始本能，因為這個社會有道德與法律的約束。

在這個文明進步的社會裡，還是有很多人，會使用暴力去傷害他人，包括言語上的、精神上的、肢體上的暴力等。無論是哪一種形式的暴力，都會造成受暴者很大的傷害。人人都有免於恐懼的自由，這是法律賦予每一個公民的權利與保障。然而，施暴之人，就是公然地剝奪他人享有的這份權利。

在這個社會上，社會暴力、校園暴力、家庭暴力事件層出不窮，甚至是有一些人會做出虐童、性侵、殺人放火等泯滅良心的行為，這個社會似乎不是那麼地平和，這些會使用暴力的人到底是怎麼回事？這個社會到底是出了什麼問題？

社會上總是有一些人，情緒似乎很脆弱，很容易情緒失控，對他人暴力相向。在生活的周遭裡，就經常發生暴力，而且起因常是為了一些「不是很嚴重」的事，例如在捷運或公車上讓座的問題、不滿商店的服務、與人一言不合或口角、行車問題（如被人超車、按喇叭）、停車問題、倒垃圾的問題或惱羞成怒的問題等。也有一些人，也會因為看人不順眼、心情不好或一時好玩、找刺激，就對人做出攻擊的行為。

有些人對於只要是不符合自己意願的任何人、事、物，就想以暴力的方式解決。不知道這些事情真的是個「問題」，還是有些人的「意願」才是問題？還是問題、意願其實都不是主要的原因？

對於會使用暴力的人來說，是不是不知道暴力是不對的行為？是不是真的認為暴力可以解決自己所面臨的問題？還是根本不是為了「解決問題」，只是想把自己不滿的負面情

緒，發洩在別人、家人、或無辜的人身上？

　　施暴之人，因為沒有能力處理問題，而選擇傷害他人，這不但不是一種厲害的表現，而且只會暴露出自私、無能、逃避、殘忍的醜態。暴力行為，不僅不會帶來任何好處或達到想要的目的，除了自己，還會使很多周圍的人受傷害，痛快的是自己，受傷害的是別人，傷心的是父母及家人，不知道是不是任何人，包括自己，都不比上一時的解氣重要？當然，每個人終究都得為自己的行為負責，但有時候不是負不負責的問題，因為有很多的傷害，不是負責或其他方式就能消失的，而且也會連累父母及家人。

　　任何形式的暴力，尤其是言語上的，往往就會演變成肢體上的暴力，輕則傷人，重則鬧出人命，不小心就釀成悲劇。一個會直接使用肢體暴力傷害他人的人，藐視道德與法律、破壞社會秩序，於情、於理、於法都是不能被允許的，也給了小朋友及社會大眾最壞的示範。

　　暴力行為，是從小在家就開始，一直延續到長大在學校、在社會；還是從在學校開始，然後延伸到家庭和社會；還是出社會才開始，再延伸到家庭？

　　社會上的暴力事件頻傳，影響社會的安定，這已經不只

是關乎有沒有犯法的問題，而是一個很嚴重的社會問題。會做出暴力行為的人，並沒有特定族群，不分年紀、性別、身分、地位。

排除法律上對於精神狀態認定的無責任能力者，一個有暴力傾向的人，大部分應該都不是在短時間形成的，也不是單一因素造成的，包括來自家庭、父母、生活環境、所處的生活狀態及整體的大環境等因素，都有很大的影響。

* **家庭**：如父母離異、長期生病、亡故，或弱勢家庭、暴力家庭的因素，而無法提供子女一個完整、良好的成長環境。

* **父母的問題**：包括父母沒善盡家庭教育的責任或本身的觀念、品德、情緒問題，而無法給予子女良好的家庭教育。

* **生活環境**：包括生活環境中真實發生的暴力事件頻傳、周圍往來的人或朋友的不良影響、影視暴力橫行（如充滿偏激或暴力的電視節目、影片、網路媒體、電玩遊戲等），暴力隨處可見。

* **生活狀態**：遭逢重大挫折、失敗而處於人生低潮時，

如長期失業、經濟壓力、伴侶或男女的感情問題等，
而無法面對或無法處理。

＊整體大環境：如政治、經濟的不穩定，而造成人民缺
乏信心、情緒浮動。

有些人的暴力傾向，是因為從小受到家庭的負面影響，
而導致了觀念上的扭曲、心理上的偏差及情緒上不穩定的問
題；有些可能是因為受到這個充斥著太多暴力的環境所影
響，不論是真實的或虛擬的，而助長了暴力的風氣，尤其是
對小朋友或年輕朋友；有些則是由於生活上的問題，長期處
於一個狀態不佳的情況下，問題又無法獲得解決，而使心理
與情緒受到嚴重的影響。當然，一個國家的政治、經濟的狀
況及穩定性，會影響整體人民的心理狀態及行為，關係到暴
力發生的頻率。

每個人都有權利，拒絕受到暴力的威脅。每一個人也要
懂得如何保護自己及適時地求助。在生活上，難免與人有摩
擦，不論誰對誰錯，或根本沒有對錯的問題，其實，只要有
一方能夠冷靜一些，言行不要挑釁，或許就能盡量降低暴力
發生的風險。

每個人不論是心理上或情緒上，都得面對自己的問題，沒有理由讓別人來代替承擔或付出代價。每個人都得接受人生沒有「萬事如意」的這個現實，而且得想辦法去克服。使用暴力解決問題，問題並不會因為暴力而被解決，而且只會製造出更多的問題。私刑正義不是正義，不要濫用「正義」之名，來合理化為了一己之私的暴力行為。以暴制暴不是明智的方式，而且只會惡性循環，讓社會更不安，畢竟這還是一個有法治的社會。應該沒有人想要生活在一個不安的環境吧!?

　　暴力行為，害人又不利己。暴行沒有藉口，有一些人在動手之前，可能都沒有想到自己的未來與家人，因為有可能會因此賠上自己與別人的人生，連想後悔的機會都沒有。用人生去為一時的行為付出代價，是非常不有趣、非常愚蠢、非常不值得的，人生只有一次，如果就這樣用掉了，枉費父母給的一條命。

　　只要有暴力，就有受害者，甚至有人會因此丟了性命，無論暴力的原因為何，都不可取，都不能讓人接受，都得受到嚴厲的譴責。暴力行為會成為習慣、會傳染，只靠道德上的譴責或法律的約束，對暴力的遏阻還是有限。叫一個有暴

力傾向的人，不要使用暴力，應該也不是一個很有效的辦法
吧？

　　與其譴責暴力或倚賴遲來的正義，不如從家庭、社會、
國家做起，各盡職責，發揮各自應有的功能，共同努力，才
能降低暴力的風險。家庭裡，父母本身得先做好，以身作
則，多關愛子女，也要負起家庭教育的責任，給子女一個良
好的成長環境，幫助子女建立良好的價值觀，子女才能有健
康的人格發展。社會中，大人們、傳播媒體、網路媒體、公
眾人物或任何在媒體上公開發言的人，都應該要謹言慎行、
理性客觀地發言，不要給小朋友、社會大眾負面的影響；一
些電視節目或電玩遊戲業者，要發揮道德良心，需要更謹慎
地思考粗暴的內容與尺度，父母也要避免讓小朋友有機會接
觸不適合的影視。至於國家，需要更加關注及幫助一些弱勢
家庭、暴力家庭；必須穩定政治及經濟，才能安定人心。

　　價值觀的扭曲、激發情緒的因素、行為上的模仿，都是
造成暴力傾向的主要源頭。有愛與教育的家庭、有愛與責任
的社會、有愛與穩定的國家，應該對減少暴力會有很大的幫
助吧！

讀者朋友認為要怎麼做
才能幫助降低暴力的發生呢？

第十四回　詐騙這回事

這個世界，應該永遠都有人騙人，有人被騙。「騙」會有機可乘，就是擅於掌握人的弱點。這個社會，因為有太多的欺騙，使得人與人之間互相懷疑、失去信任，使得社會變得冷漠。騙子，利用人的弱點而行騙，良心何在？騙子，也許哪一天，也會被騙。

　　這世界永遠都有人騙人，有人被騙。不論是謊言、欺騙、詐騙，都是「騙」。

　　不論是騙財或騙色，騙人或被騙，不分男女老少、貧富貴賤、公眾人物還是一般老百姓，也不管聰不聰明、有沒有學歷、有沒有成就，只要是人，應該都有機會被騙！只要是人，應該沒有人希望被騙！

　　一個會騙人的人，可能會騙很多人；一個會被騙的人，可能也會被很多人騙。不知道這個社會，是騙子多還是被騙的人多？

騙人的人，是自私的人，因為只顧自己的利益，而以欺騙的手段，去侵占不屬於自己的東西，而使他人的身心或財產遭受損失，不論有沒有觸法，於情、於理都是不能讓人接受的，

　　詐騙已經發展得越來越多元化，手法越來越多，範圍越來越大，從傳統的金光黨升級到「電信、科技、金融」，從地方擴大到全球。被騙，也許是因為騙子太狡猾，也許是自己一時太大意而不小心上當，但是這個「大意」是不是因為自己太缺乏自我保護能力的善良、缺乏判斷的能力、內心不夠堅定，甚至明知有可能被騙，卻還是被騙？

　　當今的社會上，以騙取錢財為目的詐騙，似乎無所不在，在生活的周遭裡，對一些詐騙方式，應該並不陌生，例如：街頭詐騙（例如，假公益或假賑災的義賣或募款）、製造假車禍向車主騙取醫藥費或慰問金、電話詐騙（例如，假綁架、假冒公務機構、假退稅）、簡訊或郵件詐騙（例如，假中獎通知）、網路詐騙（例如，盜用網路帳號、利用網路交友平台）、網路購物詐騙（例如，假賣家、假代購、賣假貨）、民間宗教信仰詐騙（例如，假冒神佛、假造神蹟、販賣虛假的宗教應允或神物等）、投資詐騙（例如，以「保證

怎麼回事？
WHAT'S WRONG

高獲利」、「無風險」為誘餌）……。

「騙」會有機可乘，不外乎就是掌握了人的弱點，可能是人性上的弱點、情感狀態上的弱點、知識上的弱點。常見的一些弱點包括：

＊**人性的弱點**：因為貪念、貪小便宜，而容易內心不夠堅定；因為善良，而容易相信或妥協；因為同情心，而容易產生憐憫或內疚感；因為對親情、愛情或友情的感情與責任感，而會擔心、緊張或恐懼；因為自尊心或愛面子，而容易不好意思拒絕。

＊**情感狀態的弱點**：因為正處於感情空虛的狀態，而失去自我防備；因為正處於人生的低潮，情緒低落，而失去理性的判斷；因為相信宗教可以讓人得到心靈的安慰、神力或改運，而過度的依賴或迷信。

＊**知識上的弱點**：因為知識不足，尤其是缺乏投資理財方面的知識，而對於「高報酬、零風險」的判斷能力低。

騙子所詐騙的對象，應該是陌生人或無辜的人吧!?

行詐騙之人是不是沒有想過，因為這個欺騙，會使那些受騙的人，不僅心理受到傷害，可能一生辛苦的積蓄因此化為烏有，甚至家庭破碎或失去生命。

詐騙他人是有什麼不得已的苦衷嗎？是不是覺得別人都沒有苦衷？是不是沒有想過別人可能過得更不幸？還是認為被騙的人得自認倒霉？自己的苦衷或不幸，並不是那些被你詐騙的人害的。即便別人過得好，也是別人努力來的，不應該成為詐騙的理由！如果換作是自己的父母、子女、親人被騙，還是哪一天換成是自己被騙，不知做何感想？

因為有太多的欺騙，破壞了這個社會的秩序，耗損了人與人之間的信任，讓人變得互相懷疑、讓人猶豫自己的善良、讓人遲疑自己的同情心，使社會變得冷漠。

儘管有很多反詐騙的公共宣導，但詐騙事件還是層出不窮，還是很難杜絕，不僅要杜絕所有的騙子難度很高，要阻止會被騙的人，難度也很高。

詐騙防不勝防，每個人都要檢視自身的弱點與缺點，要學會保護自己，才不會讓自己的弱點被人惡意利用。

　　一方面，不貪心、不貪小便宜，內心就不會動搖；在善良的同時，要以保護自己為原則；要自尊心的同時，懂得拒絕更重要，任何只要內心感到為難的事，需要拒絕時就要果斷地拒絕；對於內心的感情與責任感，必須多一點冷靜與理性，才不會因為恐懼、緊張、激動、衝動而干擾思考；當情緒低落或處於生活低潮時，盡量不做重大決定；對宗教心存敬畏，虔誠但不迷信，修養內心，才能增加自信。

　　另一方面，自己得多學習，現在的資訊很發達，要學習並不困難，多吸收知識，培養自信與訓練思考，凡事多留心求證，才能有更好的判斷力。除了多關注詐騙手法的訊息，也要具備投資的基本概念與知識，沒有「零風險」這回事，更何況是「高獲利」那麼好的事，任何事都有風險！超乎常理的高報酬背後，就是伴隨著高風險，也會伴隨著「被騙」的高風險。

　　雖然再怎麼謹慎、再多的知識，並不能保證就一定不會被騙，但至少能夠讓自己做比較好的判斷，降低被騙的風險，或至少有個停損點，避免遭受超出自己能力所能承擔的損害，才能將損失的風險降到最低。

如果還是不懂得如何保護自己，也可以向親朋好友或相關的政府單位尋求協助。

　　每個人都不該為了自己私利，就以不正當的方式去獲取不屬於自己的東西，也不是因為「有苦衷」，就可以違背道德與良心。欺騙他人，是一件很自私、很不道德、很不負責任、很殘忍的事，人做虧心事，不會覺得良心不安嗎？騙來騙去，只會惡性循環，應該沒有人想要生活在一個充滿「騙」的環境吧？

　　父母是不是只對子女說了「人要有錢」，而忘了交代「詐騙是不對的行為」、「做人要腳踏實地」、「人要有道德與良心，不能傷害他人」？學校是不是只著重在知識技能教育，而忽略了品德教育？這個社會，是不是因為「有錢就好」、「金錢至上」，才讓一些人忘了道德與良心、才讓這些人想一步登天、一夕致富，而不想腳踏實地？

　　在這個社會上，每個人都不容易，每個人都有自己的難處，每個人都有自己的苦衷，難道都要因為自己的苦衷而去行騙？正在騙人的人或正想要騙人的人，應該要收手，要將心比心，「己所不欲，勿施於人」。

　　每個人依然得當一個善良的人，但不愚善，要當一個有能力保護自己的人，不讓詐騙有機可乘，才有能力選擇不被騙。

　　價值觀，會影響一個人的人生，家庭教育很重要，做父母的，責無旁貸。父母，應該要好好地關心自己的子女。

　　要改善這個社會，是每一個人、每一個家庭、整個社會的共同責任。社會不能只靠法律，需要靠每個人的道德與良心，才能持續地文明下去。只靠法律的社會，太冷漠；有良心、有同理心、有善良，才能有一個友善的社會。

詐騙常利用的弱點列舉

　　1.貪念、愛貪小便宜。

　　2.愚善。

　　3.同情心。

　　4.由感情與責任感而產生的憂慮、緊張、恐懼。

　　5.自尊心、愛面子。

　　6.沒自信。

　　7.感情空虛、情緒低落。

　　8.迷信。

　　9.缺乏知識、缺乏投資理財的知識。

怎麼回事？
WHAT'S WRONG

讀者朋友認為要怎麼做
才能減少詐騙呢？

第十五回　網路暴力這回事

有一些網民是怎麼了，是有什麼苦衷而要當一個不良善的網民？選擇當一個不良善的網民，使用文字暴力，沒有道德與良心，人生會比較快樂嗎？網路暴力，是很嚴重的社會問題、國家問題。

網路的發展，讓人與人之間可以不受空間距離的限制就能即時互通訊息，藉由資訊的分享，讓人能夠接收更廣泛的資訊，不僅讓每個人可以透過網路平台或社群網站表達及分享自己的想法，也提供了一個更多元化的學習管道。

但很可惜的，有一些網民，濫用網路的便利，使原本能夠讓人互相交流、分享資訊的管道，被拿來作為惡意使用，作為言語（文字）攻擊、唇槍舌戰、散播不實消息、煽動人心的工具，混淆視聽、危言聳聽，擾亂網路秩序，傷害他人。

網民在網路的公開平台上留言，是在表達自己的看法，

每個人看事情的角度不同，有時也無關對錯，並沒有期望或強迫其他網民一定要認同，但有一些網民似乎無法允許任何與自己立場及想法不同的人、事、物，而做出一些失去理智的網路霸凌行為。

有一些網民，對於任何在網路上的媒體報導，不管是有關國際的、社會的、政治的，正面的、負面的，或是對於其他網友的留言，都要蓄意地、惡意地冷嘲熱諷、挑釁、辱罵，甚至是詛咒、毀謗。

對社會上的人、事、物做出評論，表達自己的主見，原本是一件關心時事的表現，但對一些不良善的網民來說，根本不是真的在乎所報導的是什麼，就是要發表極度偏激、負面、粗俗的言論，就是要對其他網民惡言相向。

對於一些不幸的悲劇，這些缺德、心惡的網民不僅毫無同情心、同理心，還會尖酸苛薄地嘲諷別人的不幸，甚至會使用「活該」、「報應」等這類的字眼，落井下石。尤其是對於跟政治、政治人物相關的報導，更是充滿極度偏激及情緒性的言論，總是對人不對事，凡只要與自己立場不同或不是自己喜歡的，就會為了反對而反對、為了攻擊而攻擊、詛咒他人，即便無關政治，也非得要想辦法連結到政治。

不論是哪國人、什麼人發生了什麼不幸的事，嘲笑諷刺、幸災樂禍或散播謠言，都是非常不應該的，世事難料，不幸是不挑人的，如果哪一天發生在自己或自己親人的身上呢？自己可以接受他人說的話跟自己一樣惡毒嗎？

　　網路上像這樣心懷惡意不良善的網民，為數似乎越來越多，不知道這個增長的趨勢，是因為有越來越多「新進來的網民」？還是原本的網民因為受到不良的影響，而變得越來越激烈、越來越沒有尺度？一些心存幸災樂禍、喜歡冷嘲熱諷、酸言酸語、詛咒別人、霸凌別人的網民，盡顯人性的醜態，不知道這對自己的良心是不是過意得去？

　　這一些不良善的網民，明知道自己的行為會傷人或傷害社會，但還是選擇要這麼做。

　　不知道這些在網路虛擬世界裡使壞的網民，是不是因為不能面對現實，而把網路世界當作是逃避現實的精神依靠？還是因為不安、憤怒、嫉妒，而把網路世界當作是宣洩情緒的途徑？是不是因為缺乏自信，而把網路世界當作是發揮自我的舞台？還是就是以破壞這個社會為目的？

　　不能因為網路是個虛擬空間，沒有直接與人面對面、或是因為匿名的關係，就可以不顧道德、為所欲為、不負責

任;在網路上也不可以濫用「言論自由」。任何人都不能低估文字的力量,而且更不應該藉言論自由之名來合理化自己的惡。自由的權利,不是用來使惡、傷害他人、破壞社會秩序的。

沒有理智的言論,是不負責任的。偏激又惡意的言論,既花時間,又損人不利己,對自己、他人及社會是沒有幫助的,也不會讓自己的人生更好、更幸福。

在網路平台上的言論都是公開的,對社會大眾有很大的影響力,更需要謹言慎行,不是不認同、不喜歡就可以隨意攻擊或霸凌他人!

缺乏道德修養、惡意的網民,對社會、國家有很大的危害。一個明智、有道德、有良心的網民,不會讓自己充滿敵意、處處與人為敵、恣意妄為,並且對於自己公開的言論會有所約制與負責,也會懂得尊重別人、尊重這個社會。

即便網路暴力的行為不一定都會構成犯罪(例如公然侮辱罪、誹謗罪、恐嚇罪等),但這些行為是很嚴重的道德瑕疵,網路道德的敗壞,問題不是網路,而是反映出很嚴重的社會、國家安定問題。

要維護「虛擬世界」的秩序，要杜絕一些惡意的網民、要遏止網路暴力，雖然很不容易，但也得努力。不知道如果父母能做好家庭教育，如果公權力能做出更有效的監督與管理，是不是可以不讓網路暴力的勢力持續擴大，繼續蔓延？當然，最有效的方法，還是得靠網民的自我覺醒，自我約束，學習如何做一個有道德的網路公民。

　　在一個自由、多元、開放的社會裡，對於不同的意見或批評，理性、尊重、包容更是格外重要。社會如果找不到任何一項道德良知上的共識，是個很大的危機。

　　網路暴力是很不可取，是不能被接受的行為。如果自己是這個社會的一分子，就不應該在共同生長、生活的地方互相攻擊，進行破壞，因為社會敗壞，就不會有更好的生活環境。

　　這社會需要的是理性及對社會有正面影響力的網路良民，不是網路暴民！

不良善的網民特性列舉

1. 以自我為中心，只認為自己的想法才是對的，不能接受其他網民的不同想法。

2. 當其他網民否定或反駁自己的想法時，就做出言語攻擊。

3. 喜歡用偏激的字眼，引起注意。

4. 玩弄文字遊戲，蓄意扭曲原意。

5. 隨時都在網路上尋找目標，伺機攻擊。

6. 對於任何媒體報導的內容，喜歡用斷章取義的方式，做出惡意或不恰當的評論。

7. 嘲笑諷刺他人的不幸、幸災樂禍。

8. 對於任何自己不喜歡的人、事、物，酸言酸語或以極端、低俗的字眼惡意地抨擊、咒罵。

9. 除了偏激、負面、反對，無法給一個有說服力的理由。

10. 不論是非，只為了辯贏其他的網民。

11. 散播謠言或未經證實的言論，蓄意混淆視聽或中傷他人。

12. 對於其他網民的留言，喜歡主動挑釁、謾罵或詛咒。

13. 目的就是要破壞社會和諧。

讀者朋友認為要怎麼做
才不會讓網路暴力繼續橫行呢？

第十六回 高學歷這回事

有機會受高等教育，擁有高學歷，是一件很幸運的事。但有高學歷的人，是不是都有真正地受到「教育」？是不是都懂得做人做事的道理？真正有價值的，應該不是那一張高學歷的文憑，而是有沒有成為一個知書達禮的人、對社會有用的人！

　　一個人書讀得多、有高學歷是一件很幸運的事，因為家庭及社會有足夠的資源讓自己受良好的學校教育。學歷，是代表一個人在學校裡完成學業的成果。學校提供了一個學習管道，讓人能夠增加知識、增廣見聞，對一個人是很有益處的。藉由完成學業所獲得的成果，可以增加一個人的自信心。

　　學校提供了知識技能及多方面的學習機會，能幫助一個人提升自我、提升個人競爭力。高學歷能讓自己對未來的發展有多一點的選擇。知識，是一個社會很重要的資產，知識的傳承對社會是一個很重要的價值。

這個社會對於高學歷這一件事，應該仍然存在著傳統上的認知或者期望，認為擁有高學歷就能贏在人生的起跑點，可以賺更多錢，品德修養也比較高。

　　且不論一個人在學校到底學到多少，學歷在職場上確實有一定的用處，因為職場是很現實的。很多公司，尤其是大公司，對學歷的要求是最基本的門檻。當然，一個人要得先能進得了職場的門，才會有接下來發展的機會。大多數的人都會希望藉由學歷，能讓自己變得更好，未來能獲得更好的發展，進而實現自己想要的生活。

　　高學歷的人書讀得多，所以又稱作「高知識分子」。很多人期待高學歷的人「品學兼優」，但社會上似乎有一些讓人很失望的高知識分子，無法做一個好榜樣讓人可以見賢思齊。不知道是不是因為有人把教育這件事，狹隘地專注在專業知識或技能上的學校教育，而沒有把在學校的品德教育、或家庭的教育及各方面的社會教育包括在內？

　　有一些高知識分子，除了學歷以外，其他方面的修養層次不高，沒禮貌、品德差、態度差、生活技能及常識不足、不懂待人處事的道理，甚至也沒有因為高學歷而有比較好的邏輯及專業能力。

　　雖然每個人對於「成功」的定義都不同，但學歷與成功並沒有絕對關係。在現實的職場上，不是光靠高學歷就可以一帆風順的。在如此競爭的環境裡，學歷只是一個最基本的條件，而且取代性很高，雖然並不是人人都有高學歷，但有高學歷又優秀的人才也不少。而且，高學歷不一定就擁有對公司具有價值的工作能力，包括專業、人際關係、解決問題、掌握資訊的能力等。

　　在社會上，不難看到一些位高權重的人，不一定擁有比自己高的學歷；成功的人不一定有高學歷；有一些高學歷的人也沒有預期中的成功。當然，這不是在辯論學歷重不重要的問題，而是可以讓人思考，有高學歷的人從學歷中學到了什麼？有高學歷的人除了學歷以外，還有什麼？還缺了什麼？

　　擁有高學歷不是人生的萬靈丹，它只是過去的一個學習經歷，學校裡學的只是一個基本的知識技能。更何況，科技發展日新月異、環境變化迅速，知識技能是有時效性的，不會一成不變。高學歷的光環只是短暫的，無法用一輩子，如果沒有持續學習新知識，可能很快就會失去競爭力，而被這高度競爭的環境淘汰。比起現實的社會，學校是一個相對侷

限的環境，在學校裡與在社會上的競爭模式，顯然不是同一回事。

　　有一些人因為被一張高學歷的文憑所蒙蔽，態度驕傲而無法謙卑待人、向人虛心求教，阻礙了自己學習的機會。那種自我為中心的傲慢心態，就是會被別人超越的弱點。更何況，有一些只因為有高學歷而態度傲慢的人，是缺乏說服力的，除了這社會不乏有高學歷的人以外，很現實的，不是所有的學校都有同等的教育品質及公信力，如果只是要取得一個文憑，應該不會太困難吧？

　　有一些人可能也不知道自己為何念書，目標是什麼？是因為想要充實知識、為了實現自己的理想、為了成為一個更優秀的人、為了貢獻社會，還是就為了要一張文憑？

　　社會上有一些高學歷的人，自視比較高，雖然也無可厚非，但不知道是不是都有很好的道德修養、都有回饋父母、都有把所學的知識分享或回饋社會、都有實現自己的理想、都有持續地學習提升競爭力、都比較有成就？還是依然沈浸在過去的時光裡，只剩一張學歷文憑及高傲的態度？

　　學歷，證明了一個人在學校裡受過教育，代表著一個人完成了學業的階段，但它不是人的全部，而是在人生的過程

怎麼回事？
WHAT'S WRONG

當中學習的一部分。現實上，不是贏在起點的人就保證能夠一直贏下去。

當然，每個人如果有機會的話，還是要多念書、受教育，這對個人、對社會都是一件好事，都是值得鼓勵的。但如果高學歷沒有把自己變成一個有品德的人、優秀的人，對自己、家庭及社會都是一種損失。能獲取家庭與社會的資源而有機會受高等教育，並不是一件理所當然的事，因為不是每一個人都這麼幸運能得到這些資源。

當然，無論一個人有沒有高學歷，都要做個有品德修養、對社會有用的人；而一個有高學歷的人，應該要用更高的標準來要求自己，要負起更大的社會責任。

不當一個只有高學歷但沒品德修養的人，不當一個只有高學歷但沒智慧的人，不當一個只有高學歷但無知的人，不當一個只有高學歷但不知感恩、報答父母的人，不當一個只有高學歷但對社會沒有幫助的人。

真正有價值的，不是那一張高學歷的畢業證書，而是能成為一個知書達禮的人、能持續學習的人、對社會有用的人。

對高學歷的重新審視列舉

1. 有高學歷，不一定有品德修養。

2. 有高學歷，不一定有常識。

3. 有高學歷，不一定有專業。

4. 有高學歷，不一定很聰明。

5. 有高學歷，不一定有智慧。

6. 有高學歷，不一定能持續學習。

7. 有高學歷，不一定不會犯錯。

8. 有高學歷，不一定比較會賺錢。

9. 有高學歷，不一定具備工作能力。

10. 有高學歷，不一定有成就。

11. 有高學歷，不一定知感恩、知分享。

12. 有高學歷，不一定會回饋父母。

13. 有高學歷，不一定對社會有貢獻。

讀者朋友對於高學歷的人
有什麼期許？

第十七回 **職業貴賤這回事**

職業本身是沒有問題的，有問題的，應該是那些心態有問題的人。一個有教養的人，會懂得尊重任何職業對社會的價值與貢獻，會懂得尊重他人。

　　自古以來，階級或等級就一直存在這社會上，通常是被人們依據權力、身分地位、財富、文化、勞動的形態等因素來區分高低。在古代就有很多職業貴賤的等級，例如士農工商等級就是其中一種，學識高的人是最高等的，商人的地位排最後。在古代以農為主的時空背景下，相較於農民與工人，商人會被認為沒有生產力，對國家貢獻相對較少。無論人們是如何去區分階級或分類，階級就是代表著一種不平等，在現在的社會上，應該還是有一些人對職業存有貴賤階級之分的思維。

　　社會上會對職業有這種貴賤之分，往往就是跟錢有關，因為在傳統的認知上，通常一個人的收入所得會跟職業有關。一般會認為醫生、律師、機師等職業，地位比較高，能

獲得的報酬比起很多其他的職業相對高很多，通常具有高知識或高技術含量的職業與報酬是正相關的。當然，在現代這個科技化、多元化的社會，如果要以金錢收入來做為衡量職業貴賤的標準，那麼就有太多種高收入的職業，例如精算師、技術工程師及一些成功的商人、藝人、運動明星等。雖然沒有絕對，但看起來，這社會好像就是以一個人所從事的職業的收入多寡為標準，來評斷一個職業的貴賤。說穿了，其實就是一種勢利的心態。

當然，這個社會必須認同醫生、律師等職業對社會的重要性，因為這些知識與技術是一個文明社會累積而來的寶貴資產，不僅是背負著造福人群的使命，而且也必須繼續傳承下去。

不難看到有一些人，認為勞力工作是教育程度低的人做的職業，常會聽到有些父母會舉例某種從事勞力工作的人（如搬運工人、清潔打掃人員等），然後告訴自己的小孩：「如果不用功讀書，以後就會變成那樣的人。」父母的目的是想要督促小孩要讀書，但用這樣的教導方式是很有問題的。多念書是一件很好的事，父母鼓勵自己的孩子多念書這一件事是沒有問題的，問題是出在父母用不恰當的方式灌輸

小孩不正確的價值觀。因為父母本身，就是以職業的種類去判定一個人的價值。

　　世界上每個國家的國情不同，但在很多國家，像是建築工人、垃圾處理或資源回收人員、水電工、礦工、大樓洗窗工人等所謂的勞力工作，是相當受到尊重的，而且教育程度與薪資報酬也不一定比白領工作低。有的工作或許技術性門檻不高，但卻要面對高度危險、髒汙、有味道的工作環境；有的是必須要有相當的專業技能才能做的，都是很值得讓人敬佩的。

　　每一個人的專長不同、興趣不同、志向不同，家庭環境背景或命運也不同。更何況，有些人並沒有那麼幸運有資源、有機會可以讀很多書，有一些弱勢家庭、問題家庭是比較沒有太多選擇的。

　　假設社會上每個人都有足夠的條件，而都選擇當醫生或律師，那些會被人鄙視的職業都沒人要做，可能就會導致某些職業的供給氾濫或短缺，而造成供需失衡的問題，增加社會成本，影響生活。假如缺乏水電工，那麼每個人是不是最好學會修水管、通馬桶、修電器，或者只要出問題就買新的就不用修了；缺乏清潔人員，以後可能要靠自己多打掃、或

者就要忍耐髒亂的環境；缺乏收垃圾資源回收人員，以後可能就得自己載去垃圾場丟、或者就不要製造垃圾；缺乏搬家工人，如果要搬家，是不是就得自己扛、或者不要搬家？

如果別人做的工作，自己沒有能力做或不願意做，有什麼理由去瞧不起別人呢？

勢利或瞧不起人的心態，其實是一種自卑心作祟。有些人的心裡，或者是人性，往往由於缺乏自信或者知道自己不如他人，總是把心思用在尋找貶低別人的機會，藉機抬高自己，只為了短暫地滿足自己的自尊心，其實是擔心自己會被他人瞧不起。

越怕被別人瞧不起的人，越會瞧不起別人。心態的不正確，很多是來自於自信心不足的關係，而且不限有錢人或是窮人。這種心態，也會在一些花錢消費的情形下出現，而且不限於是在花大錢、還是花小錢，常看到有一些人在花錢消費的時候會表現出「花錢的最大」的態度，藉以得到一時的優越感。

只要不是做奸犯科違法或從事不正當的工作，不論什麼做什麼職業，即便有的職業沒有太多技術門檻或是不需要高學歷就能做的，每個人都是正正當當在為自己的生活打拼，

都應該得到尊重，如果拿別人的「條件」，甚至是「不幸」來看不起人，那就真的太差勁了。那些會鄙視他人的人，如果哪一天被瞧不起時，不知有何感受？缺乏同理心，是這個社會一個很大的問題。

職業是貴還是賤，不應該是重點，問題不在職業本身，而是那種不尊重別人的心態。一個會去依據什麼職業來決定要不要給予尊重的人，應該是跟個人的價值觀與修養有關。

職業本身是貴是賤，其實不用辯論，只有心態不良、沒修養的人才會鄙視別人，這是很不可取的，這種偏差的觀念及心態必須修正，才不會讓這種偏差的風氣在社會上繼續惡性循環。

在這現實的社會，職業總是會被一些權勢者區分貴賤、等級，但無論是從事哪一種職業，一定要盡責、敬業，每一個人得先尊重自己的職業，並對自己的職業有自信，在任何的工作領域，只要做得出色，就是專業，就有成功的機會。相信，大部分的人都會尊重一個敬業、專業的人。

當然，多受教育是好的，念書能讓人有多一點的選擇，但這不應該被拿來當作評斷一個人的價值標準。這社會需要具備各種不同的技能與功能，什麼樣的工作都需要有人付

出，每一種職業對社會都有不同的價值與貢獻，各有各的崗位，各司其職，這社會才能好好地運作。

　　職業本身是沒有問題的，有問題的是那些心態有問題的人。一個有教養的人，會懂得尊重任何職業對社會的付出與貢獻，會懂得尊重他人。

讀者朋友認為要如何才能
改善這個社會的勢利風氣呢？

第十八回　自由這回事

有一些人，會把自由拿來作不懷善意的使用，常藉自由之名
使惡，傷害他人、危害社會，濫用自由，破壞自由。自由很
寶貴，不能被廉價地利用。

　　自由，是一個民主社會的基本人權，是法律賦予人民
的權利，受法律的保障。這世界上雖然對自由的定義有很多
種，但共同的底線就是，以不妨礙他人同等自由的權利及公
眾利益為基本原則。

　　法律之前，人人都享有同等自由的權利。法律保障的是
社會大眾的每一個人，不是只有某一群人。每一個人都享有
很多種自由的權利，包括言論自由、思想自由、宗教信仰自
由、人身自由、免於恐懼自由有人都會任意地濫用「自由」
的名義來為自己辯護。這個社會，似乎有很多人都會以「自
由」來當作個人一切言行的護身符。

自由，不是一個毫無限制的權利，它不包括不尊重他人、傷害他人、罔顧公眾利益。當然，每一個人都有自由說任何的話、做任何的事，有權決定自己的行為，但必須得對自己所有的言行負責。

　　無論是不是要當一個沒有家教的人、不盡責的父母、不良善的網民、自我要求不高的高知識分子，或不盡孝道、溺愛小孩、不講道理、重男輕女、沒有公德心、賺取不義之財、不好好說話、不認錯、心存僥倖、偏激、詐騙、使用暴力，或要鄙視他人、歧視他人，全都是個人的自由選擇，但得承擔因為自己的選擇所造成的結果或後果。

　　一個人如果因為自由而恣意妄為，做出犯法的行為，就得為自己的行為所造成的後果付出代價，在法律上，可能就是被判刑坐牢，真的失去「自由」；在道德上，可能就是受到社會的譴責與排斥；在自己的良知上，就得要承受良心不安與後悔。

　　當前的社會，似乎「言論自由」是最自由的自由，難道這個自由是讓人可以肆無忌憚地自由發表主張和意見嗎？如果有人、大眾媒體或公眾人物，明明知道自己的言論、公開的言論，對他人、對社會大眾會有影響力，尤其是對一些

知識或判斷力比較不足的人及未成熟的小孩，而把自由用在亂說話、散播不實謠言或假訊息、散播未經求證的事、口不擇言、人身攻擊、挑撥離間、危言聳聽，蓄意誤導、混淆、愚弄他人或社會大眾，試圖挑起對立與仇視，破壞社會的和諧，那就真的太不應該了，姑且不論有沒有涉及法律上的責任，這會對社會的安定造成很大的危機。

這些濫用自由的人是不是認為，要怪就要怪那些會被傷害的人太懦弱或不懂得保護自己、怪那些會被誤導、愚弄的人太無知或情感太脆弱？難道現在這個社會，只能勉強靠法律，人們最基本的道德良知都發揮不了作用了嗎？

自由的權利，不是無限度地予以保障。假設每個人都擁有完全的自由，任何行為都不需要自我約束，也沒有任何法律或道德的約制，非但自由民主無法再繼續維持下去，這個世界應該會失控。當然，如果對自由的權利無限地加以限制，那應該不是真正的自由；如果因為自由而造成社會的動盪，那麼，自由就成為了社會安定的亂源。

法律對自由權利的保障與規範，目的在維護社會秩序，是規範人的行為的最低標準，當然，每個人的行為如果以不犯法為基準，以法律的角度，是一個守法的公民，但難道對

於自我的要求只能僅止於此？一個文明的社會，一個自由民主的社會，不能只靠法律，而是需要每一個人的道德良心及自律才能繼續維護，才能持續地進步，才能有更好的生活環境。

　　尊重、包容是一個自由民主、多元、開放的社會的重要精神，但不能利用這份尊重與包容而非理性地濫用自由，把自由凌駕於法律與道德與良心之上，而破壞自由。

　　自由得來不易，不是一個理所當然的權利，它是過去很多人、用很長的時間奮鬥犧牲才換來的，現在的人只是在享受這個果實。

　　自己現在說的話、做的事；想說的話、想做的事，不就是由於這個自由民主的社會給的「自由的空間很大」或「自由的限制很少」的關係嗎？

　　如果「自由」換來的回報是「濫用自由」、「社會不安」，那麼這個自由的代價太高了。如果自由讓人恣意妄為、讓人變得更沒修養，那就失去這個自由的意義與價值了。每個人如果都不能自律，難道希望生活在一個動盪不安的環境中嗎？

　　要享受自由，應該要先自重，尊重自由，因為濫用、破壞自由的代價，可能就會失去它。理論上，人在享受過自由之後，應該很難適應沒有自由的生活。相信，生活在這個社會的人，都不想失去自由。

　　即便法律的約束有一定的作用，但使用自由不能沒有道德與良心。尊重與包容，是尊重能自重的人，包容能自重的人。如果不清楚自由的尺度在哪裡，應該可以思考一下：自己不希望被如何對待，自己希望被如何對待。自由很寶貴，不能被廉價地利用。

讀者朋友認為什麼是「自由」?

第十九回 價值觀這回事

價值觀，會引導一個人的性格及行為，影響一個人處世的態度，影響一個人的人生。缺乏良好的價值觀，會讓人做出不明智的決定及做出不明智的行為。一個以功利為主的社會價值觀，不會和諧、不會快樂，而且未來每一個人可能都會為此付出代價。人在一生當中，無時無刻都在做選擇，也必須做選擇，價值觀影響了所有的選擇。

　　一個人的性格及行為，是被自身的價值觀所引導。價值觀，是從小一點一滴被灌輸的觀念，而且是從家庭開始。雖然學校與社會，對一個人價值觀的形成也有很重要的影響，但最主要還是來自家庭。父母是孩子的人生中無比重要的人，影響最大的人，是形成孩子的價值觀最重要的導師。一個人的價值觀，會反映在一個人的生活態度與行為。

　　學校與社會傳達了倫理與道德與的價值觀念，但每位老師面對眾多學生，資源有限，畢竟無法面面俱到。每一個人都是一個獨特的個人，學校或社會無法給予一套制式的價值

觀或是生活方式。終究小孩是自己的，所以父母就必須對自己小孩的教育負起責任，無法推託給別人。

　　價值觀是一個人對於人、事、物的看法與判斷，是一個人用來分辨好壞、是非及在面臨選擇時取捨的準則。每個人的先天條件、生活環境及經驗不同，看待一切人、事、物的意義及其重要性也不同，價值觀因人而異，沒有一個統一的標準。每個人對於事物的評價標準、覺得重要的東西及所追求的都不相同，這都是受一個人本身的價值取向所影響。

　　價值觀，時時刻刻支配著一個人的心態、行為及所做的判斷和決定。價值觀本身沒有對錯的問題，而是它所引導的一個人對於事物的取捨，因而做出的行為，影響著每一件事的結果或後果及一個人的人生。

　　對於有些人來說，金錢、名利是最重要的價值；而有些人則是健康、家庭、快樂，由於每個人的心中對於想追求的優先順序不同，就會影響一個人的決定和行為。比方說，對於金錢方面，在獲取金錢的方式及手段，就會關係到正當與不正當之間的取捨。在金錢運用上的規劃也會有不同的選擇，例如有的人會把錢用在買名牌包、大吃大喝等物質享樂上；有的人會用在健康養生；有的人會用在進修學習；有的

人會用在家庭旅行；有的人會拿去孝敬父母；有的人會存起來或拿去做投資理財；有的人會用在做社會公益。

一個人的價值觀一旦形成，會有相對持久性的影響，不容易改變，但這並非是絕對的，因為價值觀也會隨著一個人的內在條件或外在環境，包括心智的成熟度、人生閱歷、生活、工作、家庭、社會的變化等，而會有所改變。

如果社會上大多數的人，對於一項或數項的價值都有共同的信仰，就會形成一個社會的價值觀。也就是說，一個社會的主流價值觀，是社會多數人群體共同認同的價值觀，也就是指由大多數的個人單位所形成的一個結果。

社會的價值觀，是一個社會對價值的普遍信仰，或許很抽象，但它卻反映著一個社會文明的軟實力，是社會重要的文化資產，涵蓋了對於自我價值、人與人之間的相處及整體社會利益的觀念與認知。

當今這社會上的氛圍，充滿著短視近利，似乎金錢、名利、外表等外在的東西，才是受人看重的，功利才是主流價值觀。不知道這是不是文明發展下的一個必然結果，還是這本來就是文化傳承的一部分？至於所謂傳統的文化價值，包括倫理、道德、善良、謙卑、誠信、包容、節儉、互助，及

禮、義、廉、恥等的內在品德修養，似乎對一些人來說，相對是次要的或根本不重要？

不知道這外在的功利與內在的價值，兩者之間是不是一定得存在著衝突的關係，只能選其一？

一個社會的主流價值觀，也許很難從對錯的角度去評論，但是應該可以從它對個人或是社會的影響來思考：如果對個人和社會的影響是正面的，就是好的；如果是負面的，就是不好的吧!?

一個社會，如果看重外在物質遠大過於內在的品德修養，金錢、名利總是優先於道德與良心之上，那麼，這個社會的價值體系應該是哪裡出了問題？如果自己不屬於這個主流裡的一分子，好像會懷疑自己是錯的？

追求金錢、名利沒有不對，也沒有不好，是個人的自由。只是，如果一個人必須在個人利益與道德良知兩者之間做取捨時，選擇了個人利益，即使會觸法也要唯利是圖、不擇手段，例如販賣黑心商品、從事非法交易、欺騙、詐騙、搶劫、貪污、建物施工偷工減料等，或濫伐樹林、過度開採礦產、污染空氣、土壤、海洋等破壞自然環境，那社會大眾的生命安全就會受到嚴重的威脅。

　　這個社會，太常以貧富貴賤為標準來評價一個人的價值，而鄙視貧窮、弱勢、低學歷、勞力職業（例如工人、清潔人員等），甚至歧視一些特定的少數群體。一個缺乏惻隱之心、尊重、包容及互助的社會，會造成很多的對立與衝突。

　　不同的父母對價值的觀念都不一樣，這與父母本身的成長背景有很大的關係。父母的觀念正在潛移默化地影響著子女，如果父母本身缺乏良好的價值觀，也很難給子女建立良好的價值觀。有很多父母，應該就是這個社會的主流價值觀成員之一吧!?

　　例如，有些父母不太在意子女的教育，認為念書沒什麼用，所以不用念太多書，早一點出社會賺錢比較重要；有一些父母會灌輸女兒，未來只要嫁給有錢人就好；另外，好像也有一些父母會認為，只要有錢就好，不在乎做什麼或用什麼手段？

　　這個社會，似乎充斥了太多的虛榮心，從小到大，比成績、比學校、比學歷、比誰有錢、比家庭背景、比行頭、比排場、比外表、比職業、比收入等；連父母、老公、老婆、小孩、男朋友、女朋友都要拿出來比。如果有人要來比道

德、比內在素養，不知道會不會人緣變不好、被嘲笑或被排擠？

不論要比什麼，「比較」本身並沒有對錯，也沒有不好，重要的是一個人的心態。如果因為比較，能讓人瞭解自身的不足，能激勵一個人見賢思齊，那就有正面的作用，但是不是有很多的「比較」，其實是以炫耀為目的，為了滿足虛榮心？真正有修養、有實力、有自信的人，應該比較不會需要藉由這種「比較」來得到自我滿足吧！

一個社會，如果缺乏倫理觀念，人就會不懂得尊敬長輩或父母、不懂感恩；缺乏道德觀念，人就容易自私自利、不分是非、缺乏同情心、同理心、公德心、不懂得如何約束自己的言行、不顧他人或大眾利益；缺乏個人的品德修養，人就不懂得謙卑、尊重、誠信、包容、互助及禮、義、廉、恥。

錢或名利或許很重要，但如果沒有以道德作為基本原則，可能就會釀成災難。錢與名利本身沒有問題，人的價值觀才是問題。

一個人的價值觀如果不正確，或者是不正面，就無法做出最好的選擇，不僅影響了個人的人生發展，也容易導致行

為上的偏差，而造成自己、他人或社會的困擾或傷害，成為製造社會問題的高風險群，阻礙了整體社會的發展。

人如果不改善，價值觀如果不導正，很多嚴重的後果，就是因為被那個偏差的價值觀所引導的一念之間造成的。一個價值觀偏差的社會，只著重眼前的利益及外在的物質，不會和諧、不會進步，也會對社會造成危害，未來每一個人可能都必須為此付出代價。

價值觀是一個人處事的準則。缺乏良好的價值觀，會增加自己做錯選擇的風險，將來都要自己承擔。有良好的價值觀，不是保證讓人可以飛黃騰達，但是它可以幫助一個人為自己做出最好的選擇、為自己創造比較好的機會、少做一些不正確的決定、人生少走一些不必要的彎路，降低未來後悔的風險。

現在社會的主流價值觀，問題其實就出在對於「價值」的本末倒置及缺乏完整性。一個健康的價值觀，應該是以道德良知作為一切行為的基礎。

如果大多數的個人價值觀改變的話，這個所謂的主流就會隨之改變吧！

傳承一個良好的價值觀給下一代，每一位父母、社會上的每一個人、有影響力的人都有責任，尤其是父母，這才是對社會的長遠發展最正確的決定。

　　培養正確的價值觀，是很重要的家庭教育，而且要從小就開始。要改善現在社會的價值觀，需要一些時間，需要每一個社會成員重新自我檢視，並從現在開始做起。

　　最後，「時間」很重要，如果還不知道時間有多重要，就不會珍惜時間，沒有規劃、容易拖延、消極、浪費時間在做一些沒有太大意義的事情上，虛度光陰。人可以把握時間、運用時間，但無法阻止時間，因為時間不會因為任何人而有所改變，它還是會盡責地一秒一秒地向前移動，未來正在一秒一秒地過去。年紀越大，時間的重要性越大！

　　人在一生當中，無時無刻都在不斷地做選擇，也必須做選擇，價值觀影響了一個人所有的選擇。價值觀很重要，學習很重要！

價值觀偏差的危害列舉

1. 自私自利。

2. 自大。

3. 情緒大、易怒。

4. 沒有道德或是非觀念。

5. 總是找藉口。

6. 懶惰。

7. 不學習。

8. 偏激。

9. 喜歡抱怨，怨天尤人。

10. 對他人尖酸刻薄。

11. 鄙視他人、貶損他人。

12. 怕吃虧，好與人爭辯，製造衝突。

13. 不好好說話、沒禮貌，不尊重他人。

14. 知錯不認錯。

15. 沒誠信。

16. 不自律。

17. 心存僥倖。

18. 沒有公德心。

19.過度虛榮。

20.不守法。

21.不知感恩。

22.不懂分享。

23.很多的後悔。

讀者朋友自己的價值觀是什麼？

第二十回　後悔這回事

不知道世界上有沒有人，從有記憶開始，都沒有為任何一件事後悔過？是不是沒有自我覺醒，就不會有後悔？人總是在來不及時，才懊惱悔不當初，才覺得某些人、事、物的好，才懊悔當初沒有堅持，才懊悔做了錯誤的決定。通常後悔會一直發生，因為沒有從後悔中記取教訓或自我警惕，有些後悔的代價，真的太大了。人不應該、也不想要一直在為將來的後悔做準備吧!?

後悔，應該是人生中最痛苦的事吧！不知道世界上有沒有人，從有記憶開始，都沒有為任何一件事感到後悔過？

後悔是什麼？後悔，就是當人在心裡面想著「本來可以……」、「早知道……就能……」的一種感覺。「悔不當初」、「後悔莫及」、「早知如此，何必當初」，就是在形容後悔的感覺。

人什麼時候會後悔？「無法挽回」的時候。人在感到後

悔的時候，都是事情已經發生了之後，對於事情的結果不滿意，而認為是因為自己在過去所做的錯誤決定，才造成這個結果。其實，就是當覺得自己錯了的時候，而又無法回到過去改變當初的決定。

後悔，心裡有什麼感覺？通常會有負面、痛苦、或自責、內疚的感覺，而且會想著「如果時光能倒流就好了」、「如果再給我一次機會就好了」。

時間是後悔裡的主角，已經過去的時間，沒有重來的機會，已經發生的事，不能回復到未發生之前，因為當時的時間已經過去了。

後悔的產生，是當一個人認為自己過去是錯的，並且為了這個「錯」心裡感到痛苦。這個「錯」，可能是做了錯事或違法的行為；也可能是認為自己在一些事情的選擇上有失誤或原本可以做得更好的事，覺得如果能改變過去的決定或行為，就不會有現在的痛苦。

有很多後悔的事，可能因為當時自己的價值觀、狀態、無知、成熟度、判斷力等因素，而做了錯誤的決定。但應該也有一些事，原本明明自己可以掌控或避免的，而且心裡其實知道未來可能會後悔，但還是做了錯誤的選擇，例如作息

不正常、飲食不正常、或抽煙、酗酒、甚至吸毒等不良的習慣，而損害了自己的健康；或因為自己的僥倖行為（如酒駕、超速等違規行為）、蓄意侵害他人（如詐騙、暴力等行為）而導致的嚴重後果，不但必須負起法律責任，也得遭受良心的譴責及後悔的痛苦。

後悔的程度與時間長短，通常會依因為決定錯誤所造成結果的嚴重性及痛苦或自責的程度而定，而且因人而異。通常對自己的人生影響相對較小的錯誤，痛苦的程度就會比較小，後悔的時間就會比較短暫，例如一時的貪小便宜，貪圖折扣而花大錢買了一堆無法退換貨的特價品，之後才發現東西根本不適用。如果是因為自己過去的錯誤，而造成自己或他人嚴重的損失，因而對自己的人生產生重大的負面影響，後悔就會比較長久或甚至一輩子，例如失去自己或他人的健康、幸福，或他人的生命。

應該有不少人都有過「後悔」的經驗，有些可能到現在還處在後悔的痛苦當中，後悔當初自己對當下的人、事、物做了錯誤的選擇或行為，而得承受自己不想要的結果。即便能夠回到過去，做出不同的選擇，也不能保證結果一定就是自己想要的，但自己心裡還是覺得，至少結果會不同、或者

應該會比現在更好。

一個人感到後悔的事應該不只一件，而且後悔似乎會一直發生，應該是因為人難免會犯錯吧？但也有一些人會一直犯同樣的錯誤，不知道記取教訓是不是一件很困難的事，或者是對有些人來說，後悔的感覺是比較短暫的？

人總是在來不及時，才懊惱悔不當初，才覺得某些人、事、物的好，才懊悔當初沒有堅持，懊悔做了錯誤的決定。

如果在年輕的時候後悔，雖然不能回到過去做改變，有些事可能還有重新的機會；但有些後悔可能為時已晚，可能就是一輩子的遺憾了。當年老的時候，一事無成，才自覺自己蹉跎光陰，浪費太多時間沒做什麼事、做一些沒什麼意義的事；懊惱有些事和道理，如果年輕時能早一點明白就好了；懊惱如果以前……等等。

人會後悔的事應該很多，但過去的已經無法復原，也不是時間、金錢、懺悔……能彌補的，有些後悔的代價真的太大了。

一個人有過後悔比沒有好，因為有「自我覺醒」，知道自己的錯誤，才會產生後悔；有一些人，可能到現在可能都

還不知道後悔的感覺，不知道是因為沒做過會後悔的事，還是還沒自覺？

有很多時候，人在做會後悔的事情時，也許並不會事先知道未來會後悔，但如果一個人有一個良好的價值觀及多一點知識，應該可以幫助自己做相對比較好的選擇，降低後悔發生的機率。

至少到目前為止，時光不能倒流是一個事實，就得接受這個事實。每個決定都在自己手裡，後悔的痛苦，就是自己的每一個錯誤決定所需要付出的代價。雖然不能改變過去，但可以改變自己，可以改變自己的未來。

雖然後悔，但終究還是得勇敢地、好好地活下去，人不能一直糾結在過去的錯誤，而活在後悔當中。如果一直為過去的事悲傷痛苦，是浪費時間，無濟於事的，因為悲傷痛苦也不能讓時間倒帶重來。後悔，可以當作是對自己的教訓與警惕，如果能從後悔中記取教訓、自我警惕，使自己能有所改善，往後的人生能過得更好，後悔才能發揮它的意義。唯有繼續向前，繼續為了將來做出努力，才是現在最重要的事。

世事無常，每一個人都無法早知道自己還剩多少時間可以活著，也許來日方長、也許時日不多。如果想著每一天都有可能會是人生的最後一天，是不是就不會猶豫、拖延、就會積極、就會好好規劃、就會充實自己、就會立即去做當前最重要的事？還是只想著世事無常，消極而無所作為，讓將來的自己更後悔？

人不應該、也不想要一直在為將來的後悔做準備。與其想著如果人生可以重來自己會怎麼做，不如思考，過去的已經不能重來了，現在應該要做什麼？

人生只有一次機會體驗，未來正一分一秒的過去，如果現在什麼都不做或沒有盡力做，也不學習，後悔就在前面等著你。還年輕的人，得把握時間；不年輕的人，更要把握人生倒數的時間。

後悔的事列舉

1. 暑假結束時，才後悔沒有早一點做作業。

2. 遲到時，才後悔沒有早一點出門。

3. 考試時，才後悔沒有早一點做準備。

4. 體重超標、身材變形，才後悔飲食習慣不良、吃太多零食、沒運動。

5. 長大出社會後，才後悔沒好好念書、沒有培養一技之長。

6. 錯過好機會時，才後悔平時沒有好好學習、好好準備。

7. 貧窮時，才後悔過去太揮霍、太懶惰。

8. 後悔當初沒珍惜友情，而失去了一個好朋友。

9. 後悔當初欠缺思考或判斷力，而做了錯誤的選擇。

10. 後悔當初的猶豫，而錯過了一個好機會。

11. 子女忤逆、沒出息或變壞時，才後悔沒有好好地教育小孩，反而慣壞了小孩。

12. 後悔因為缺乏公德心，而造成了他人的損失或傷害。

13. 後悔當初重男輕女，對子女沒有平等的對待，而破壞了與女兒的關係。

14.原本有機會達成的目標，但因為太早放棄、半途而廢而失敗。

15.後悔當初不好好說話，而失去一個好機會，或傷害了朋友、愛自己的人、自己愛的人。

16.後悔當初對於自己所犯的錯，不認錯、不道歉，而失去了一個更好的機會、朋友、愛自己的人、自己愛的人。

17.後悔當初僥倖行事而釀成大禍。

18.後悔愛貪小便宜，而因小失大或受騙。

19.後悔當初的情緒失控、言行失控，而使他人受到傷害或導致悲劇。

20.後悔當初詐騙他人，而造成他人的重大損失、家破人亡。

21.後悔當初的自私而傷害了家人、子女。

22.後悔當初沒有對人伸出援手，而導致一場悲劇。

23.酒駕肇事時，才悔不當初。

24.失去健康時，才後悔沒有照顧好身體，如垃圾食物吃太多、沒好好吃飯、沒注重營養、沒好好睡覺、抽煙、酗酒、熬夜，甚至吸毒的不良習慣。

25.後悔一時的貪念或衝動，做了違法的事，而毀了自己

的人生。

26.年老時，才後悔沒趁年輕時，去想去的地方旅行。

27.年老時，一事無成或一無所有，才後悔年輕時不努力。

28.失去父母時，才後悔當初沒有好好珍惜相處的時間、沒盡孝。

29.人生走到盡頭的那一刻，才後悔想說的話沒說、該做的事沒做、想做的事沒做、還欠曾經傷害過的人一句道歉。

讀者朋友有做過什麼
讓自己很後悔的事？

結語

　　人除了有最基本的溫飽之外，最珍貴的價值就是擁有文化修養，選擇用最低的道德標準過生活，只會貶低了自己的價值。

　　以自我為中心，以維護自己的權益為優先，並沒有不對，因為自私是人的天性，但是自私的同時，不能不顧道德與良心，不能藉由侵犯他人的權益或不正當、非法的手段來滿足自己的目的，給他人或社會負面影響，或不顧他人或社會的死活，就是超越自私應該有的底線。

　　與人為善，如果沒有帶來快樂，與人為惡或傷害他人，也不會快樂。一個有負面的心態的人，看的、聽的、說的、做的，都不會是良善的，得到的回應也不會是自己想要的。善惡都在自己一念之間，很多的不幸，不論是自己、他人、或社會，都是可以避免的。

　　每個人都有難處，都有缺點，沒有一個人是容易的。如果期望別人能包容自己，那麼，自己也得包容別人，大部分

結語

191

人與人之間的問題，包括與家人之間，其實就是有一方無法設身處地理解另一方。

社會停滯不前，就是因為有太多短視近利、負面、消極、不想上進的人。一個不能或不想正視自己不足的人，以貶損他人或與差勁的比的方式，試圖證明「自己沒那麼差」，只是在安慰或欺騙自己，只會讓自己繼續退步，只會讓自己變成一個更差勁的人。當然，要上進、要學習、要變更好是比較辛苦的，是需要付出比較多的，相反地，要向下沉淪通常比較快速，要墮落、變壞相對是比較容易的。做一個差勁、不負責任的人，對自己、對下一代、對社會都是損失。

每個人都有存在的價值與社會責任，每個人應該有很多應該要做的事、想做的事，把自己侷限在自己的狹窄世界，糾纏一些沒有意義的事、糾結在自己的情緒裡，真的很不健康。

人生沒有標準答案，在活著的時候，在有限的生命裡，都得由自己決定要用什麼態度和什麼方式過生活。想成為什麼樣的人，大部分應該都是自己有能力可以自己選擇的，自己的一切都是取決於自己，都是自己的選擇，全看自己的決定。

很多做人的基本道理都是老生常談，道理也很簡單，並不是什麼冠冕堂皇的大道理或大學問，跟有沒有錢、有沒有高學歷無關，不外乎就是關於一個人的「修養」這回事。

　　無論對自己，對他人，對社會、對自然環境，每一個人都有社會責任，如果人類是目前地球上最有思想、最有智慧、最文明的生物，那就不應該做出一些違反這些特質的行為。人的一生所有努力的目的，不就是要能健康、快樂地活著，而不是讓後悔占據了人生。

　　每個人都想得到更多、更好，想過更好的生活，但又不付出或只付出很少的努力就想得到，或只用想的，而不付諸行動。怨天尤人或想靠運氣，不是一個明智的選擇，不學習、不努力、不盡力而為，不用等命運的安排，因為自己已經為自己的失敗安排好了。自己，才是阻礙自己成功的人。

　　每一個人有很多不懂、不會的事，這是很正常的，但不懂可以學，關鍵就在於自己有沒有一個學習的心態，願不願意提升自己。有機會時，如果能夠多閱讀、多學習、多旅行，應該可以幫助自己多看見世界，讓自己的心境、視野更開闊。

　　世界上有很多地方，因為資源匱乏與貧窮，人吃不飽、

穿不暖、沒鞋穿、沒有乾淨的水喝或因為戰亂而生命隨時受到威脅，連基本的活命都是很大的挑戰，更不用談什麼自由、權利、錢財、溺愛、學歷這些奢侈的東西，而且可能連後悔的感覺是什麼都沒經歷過，因為沒得選擇，沒機會後悔，每一分每一秒，能活命才是最重要的。每個人應該要好好地珍惜自己現在擁有的、善待這個社會一起生活的人、善待這個社會、善待這個環境。

負面的力量正在侵蝕這個社會，一個社會，不能讓負面力量占上風。這社會似乎太缺乏具正面性、知識性、教育性及國際性含量的力量。一切的人、事、物都會隨著時間而改變，重點是變得更好，還是變得更差。要改善當今的生活環境，每個人、家庭、社會、國家都必須善盡各自的職責，不正確的價值觀，說錯話、做錯事、做錯決定的代價太大了。唯有從現在開始改善，社會的傷害才能停損，社會才能繼續前進。

人不明智，人易敗；家人不和，家易敗；人人不睦，國易敗。這個社會的一些紛紛擾擾及問題，是因為「無知」造成的，還是因為「選擇」造成的？

自己的未來會如何，其實是可以預知的：自己過去做了

什麼，現在自己就是什麼，自己的未來會如何？就看自己現在在做什麼！

下一代及世世代代的未來會如何，也是可以預知的：上一代做了什麼，現在這一代就是什麼，下一代的未來會如何？就看這一代現在在做什麼！

人無論學歷高不高、錢多不多，應該都可以選擇做一個有品德修養、明智、善良但不愚善、負責任的人，應該都有能力做一個對自己、對他人、對社會有正面影響、對社會有幫助的人。

每一個決定，都有機會帶來大改變！

結語

1. 第一回　家庭教育：家庭教育很重要，良好的家庭教育能幫助子女建立正確的價值觀，讓子女有良好的人格發展，讓小孩真正地贏在人生的起跑點。

2. 第二回　父母：別讓自己的無知、自私、無能、不盡責造成子女的不幸。父母是子女一生中無比重要的人，盡責的父母，子女才能好好地成長。

3. 第三回　孝順：「孝道」很重要，父母與子女都應該尊重孝道的意義與價值，善盡各自應盡的本分，珍惜親情，互相尊重、互相分享。

4. 第四回　跟父母講道理：父母、子女或家人之間，要互相尊重、互相包容，有情有愛的溝通，才是家裡最好的道理。

5. 第五回　重男輕女：這個傳統觀念對家庭、對社會都沒有正面的幫助，兩性平等需要父母及社會上的每一個人繼續努力。

6. 第六回　溺愛孩子：為了子女好，為了子女的將來，父母不要再慣壞小孩了。

7. 第七回　公德心：好好發揮公德心，為了自己、為了

他人、為了社會、為了環境，為了有更好的生活！

8. 第八回　金錢：錢很重要，道德更重要。想要有錢，沒有輕鬆的捷徑，是需要投資自己及付出時間學習的。尊重金錢，發揮金錢的價值與意義，才能讓自己更好，讓生活更好，讓社會更好。

9. 第九回　說話：學習如何好好說話，對自己、他人、社會都好。

10. 第十回　認錯：人難免會有做錯事的時候，但要有勇氣面對及承擔自己的錯誤。知錯認錯，為自己的錯誤負責，才是一個負責任的人，才會受人尊重。

11. 第十一回　心存僥倖：控制好自己的僥倖心態，才能避免不幸，才是對自己、他人、社會負責任的。

12. 第十二回　偏激：偏激對自己、對他人、對社會都是很大的阻礙與損失，冷靜、理性、客觀、包容才是正確的選擇。

13. 第十三回　暴力：家庭、社會及國家必須重視任何會助長暴力的因素，發揮各自的功能，多一點關愛，才有助降低暴力發生的風險。

14. 第十四回　詐騙：人人都必須一起努力遏止詐騙，多關心家人，多關心身邊的人。人人也都必須學習如何

怎麼回事？
WHAT'S WRONG

保護自己，不讓「騙」有機可乘。

15.第十五回　網路暴力：虛擬的世界會受現實世界的影響，現實世界也會受虛擬世界的影響，每個人、每個網民及公權力都有責任維護網路秩序，善盡社會責任，不讓網路暴力繼續囂張橫行。

16.第十六回　高學歷：念書是好的，有機會要多念書，也要把書真正地念好。一個人不論有沒有高學歷，都不能停止學習。擁有高學歷，更要做一個知書達禮的人，更要對自己、對父母、對社會負起責任。

17.第十七回　職業貴賤：任何人都應該要懂得尊重他人。鄙視他人、貶損他人是很沒修養、很不自重的表現。尊重自己、尊重他人，才會受人尊重。

18.第十八回　自由：在自由面前要先自重。尊重自由、珍惜自由，才能真正地享受自由。

19.第十九回　價值觀：有良好的價值觀，能幫助自己做出最好的選擇。每個人要先導正自己的價值觀，才能導正社會的價值觀。

20.第二十回　後悔：記取那些讓自己後悔的教訓，自我警惕，但不要一直活在後悔當中，思考現在應該要做什麼，將來才不會繼續後悔。

希望一切能越來越好！

國家圖書館出版品預行編目資料

怎麼回事? WHAT'S WRONG?／J. LU著. --初版.--
臺中市：白象文化，2020.2
　　面；　公分
ISBN 978-986-358-943-3（平裝）
1.道德 2.倫理學
199　　　　　　　　　　　　108021528

怎麼回事? WHAT'S WRONG?

作　　　者	J. LU
校　　　對	J. LU
專案主編	陳逸儒
出版編印	吳適意、林榮威、林孟侃、陳逸儒、黃麗穎
設計創意	張禮南、何佳諠
經銷推廣	李莉吟、莊博亞、劉育姍、李如玉
經紀企劃	張輝潭、洪怡欣、徐錦淳、黃姿虹
營運管理	林金郎、曾千熏
發 行 人	張輝潭
出版發行	白象文化事業有限公司

412台中市大里區科技路1號8樓之2（台中軟體園區）
出版專線：（04）2496-5995　傳真：（04）2496-9901
401台中市東區和平街228巷44號（經銷部）
購書專線：（04）2220-8589　傳真：（04）2220-8505

印　　　刷	基盛印刷工場
初版一刷	2020年2月
定　　　價	250元

白象文化　印書小舖 PressStore 出版·經銷·宣傳·設計
www.ElephantWhite.com.tw　f 自費出版的領導者　購書 白象文化生活館

如果人類是地球上最有思想、最有智慧、最文明的生物，
那就不應該做出一些違反這些特質的行為……

法律與道德，目的都是為了維護社會秩序，
法律也許是道德的最低界限，但有些人，卻選擇了用最低的標準或無視，
一個人的行為或許沒犯法，但卻可能已造成他人或社會的困擾與傷害。
這個社會的一些紛紛擾擾及問題，是因為「無知」造成的，
還是因為「選擇」造成的？
負面的力量正在侵蝕這個社會，是不是價值觀出了什麼問題？

不知道把人做好、把事做好，是不是真的很困難？
有些人總認為，只要做到60分就可以了，為何要做到90分？
事實上，很多人連60分都做不到！

家庭教育這回事

價值觀這回事

白象文化
出版 購書 經銷代理　04-24965995
www.ElephantWhite.com.tw
信箱：press.store@msa.hinet.net
不需出版社審核，人人都能出自己的書

白象文化生活館　www.pcstore.com.tw/elephantwhite/

ISBN 978-986-358-943-3

9 789863 589433
NT$250
想出書？找白象！